Drogengeschäft und Drogenkrieg

Europäische Hochschulschriften
Publications Universitaires Européennes
European University Studies

Reihe XXXI
Politikwissenschaft

Série XXXI Series XXXI
Sciences politiques
Political Science

Bd./Vol. 349

PETER LANG
Frankfurt am Main · Berlin · Bern · New York · Paris · Wien

Maria Mittermayer

Drogengeschäft und Drogenkrieg

Politische Ökonomie der andinen Kokainproduktion und US-Drogenpolitik in Lateinamerika

PETER LANG
Europäischer Verlag der Wissenschaften

Die Deutsche Bibliothek - CIP-Einheitsaufnahme

Mittermayer, Maria:

Drogengeschäft und Drogenkrieg : politische Ökonomie der andinen Kokainproduktion und US-Drogenpolitik in Lateinamerika / Maria Mittermayer. - Frankfurt am Main ; Berlin ; Bern ; New York ; Paris ; Wien : Lang, 1998
(Europäische Hochschulschriften : Reihe 31, Politikwissenschaft ; Bd. 349)
ISBN 3-631-48460-7

Die vorliegende Arbeit wurde von
Frau Professor Dr. Dr. Charlotte Teuber-Weckersdorf
zur Aufnahme in die Reihe empfohlen.

ISSN 4721-3654
ISBN 3-631-48460-7

INHALTSVERZEICHNIS

EINLEITUNG

Der Mangel an weltmarkttauglichen Angeboten und Alternativen hat die seit ca. 170 Jahren erwartungsvoll in die Unabhängigkeit aufgebrochenen Kolonien Lateinamerikas für ihre nationalen Ambitionen ganz auf die Ausfuhr von Agrarprodukten oder den Abbau von zufällig vorhandenen Rohstoffen zurückgeworfen. Wie beinahe überall in der übrigen entkolonialisierten Welt haben die seit dem Ende der Kolonialherrschaft tonangebenden Weltwirtschaftsmächte diese Länder ihrem freien Handel und Kapitalverkehr unterworfen und dort die agrarische Produktion und die Rohstoffgewinnung aufgebaut, die der Weltmarkt benötigt. So sind die lateinamerikanischen Staaten vollständig von einem auswärtigen Interesse an ihnen und von den durch sie unbeeinflußbaren Konjunkturbedürfnissen der Industrieländer - insbesondere der USA - abhängig geworden.

Immer wieder mußten sie aufs neue feststellen, daß sich der Nutzen ihrer kolonialen Befreiung nicht so recht einstellte und ihre Unabhängigkeitskämpfe nicht zum Aufbau einer eigenen konkurrenzfähigen Nationalökonomie geführt haben: Gescheitert ist ihr Vorhaben, durch die Erschließung eigener Reichtumsquellen ihr Land zu industrialisieren, eine eigene weltmarktfähige Wirtschaft zu entwickeln und sich weltpolitisch auf der internationalen Bühne durchzusetzen.

Am Ende dieses Jahrtausends liegen nicht nur die Staaten Mittel- und Südamerikas wirtschaftlich danieder: Es sind auch mehr Menschen auf dem lateinamerikanischen Kontinent entwurzelt und verelendet denn je zuvor. Längst ihrer alten Lebensform und zusehends ihrer Subsistenzmittel beraubt, sind die Bewohner ganzer Landstriche - so auch in der Anden- und Amazonasregion - dem Weltmarktpreis einzelner Rohstoffe und Agrarprodukte völlig ausgeliefert - oder entbehren gar jeder Existenzbedingung.

Die lateinamerikanischen Staaten sehen sich mit den tendentiell stets fallenden Preisen für die ständig zu reichlich auf dem Weltmarkt angeboteten Rohstoffe und Agrargüter konfrontiert. Schmerzlich bemerkbar wird so für sie, daß ihre - immer bescheideneren - Staatsnotwendigkeiten und -vorhaben vollständig davon abhängig sind, welches Angebot sie für das Wirtschaftswachstum in den westlichen Industriestaaten darstellen. Durch den Verfall der Rohstoffpreise stellen sich die - jedes Jahr spärlicher fließenden - Kredite und Investitionen aus den Metropolen des Weltmarkts als eine existentielle Notwendigkeit dar, um auch nur die elementarsten politischen Funktionen der Staatsmacht in weiten Teilen Lateinamerikas, Asiens und Afrikas aufrechtzuerhalten. Auch die besser gestellten Rohstoff- und Agrarländer Lateinamerikas betreiben in Anbetracht dieser Entwicklung mehr und mehr den puren Raubbau am eigenen Land und begeben sich auf die verzweifelte Suche nach einer Nachfrage, die sie bedienen könnten - und sei es für Giftmüllablagerung, Tourismus... oder die wachsende Nachfrage aus den Industrieländern nach Drogen.

Nach einer langen Reihe von Rohstoffen (vor allem Erzen) und agrarischen Produkten wie Bananen, Kaffee, Kakao und Kautschuk sind nun - in Ermangelung weltmarktfähiger Alternativen - Drogen zum neuen Hauptexportprodukt der Andenregion geworden. Die Drogenproduktion stellt in den letzten Jahren den "einzigen blühenden Sektor in der daniederliegenden Wirtschaft der Andenstaaten"[1] dar.

Waren in den 70er Jahren nur wenige "Entwicklungsländer" in das Drogengeschäft involviert, so sind heute die meisten Länder der "Dritten Welt" - auch nahezu alle lateinamerikanischen Staaten - in irgendeiner Form als "Anbau-", "Weiterverarbeitungs-" bzw. "Transitländer" oder als Ort der "Geldwäsche" in den Drogenhandel eingebunden. Während der 70er Jahre war das in die USA exportierte Marihuana das große Geschäft; es wurde im Laufe der 80er Jahre von den Umsätzen im Kokaingeschäft übertroffen. Die wichtigsten Länder im Kokaingeschäft sind die "Drogenanbauländer" Bolivien und Peru sowie vor allem Kolumbien, wo sich die Weiterverarbeitung der Drogen, die Organisation sowie die Abwicklung des Drogenhandels konzentrieren. Da sich die Drogenökonomie in Kolumbien in ganz besonderem Maße entwickelt hat, ruht auf diesem regionalen Beispiel der Schwerpunkt dieser Arbeit.

Das Drogengeschäft hat die Struktur ganzer Regionen nachhaltig umgestaltet. Wie vorher vom Weltmarktpreis anderer Rohstoffe hängt nun das Überleben hunderttausender Bauern in Südamerika von den Marktchancen der Kokapflanze ab. Diese florierende Wachstumsbranche ist mittlerweile Existenzgrundlage von Millionen Menschen in der Anden- und Amazonasregion, die - direkt und indirekt - von den illegalen Einkünften aus dem Anbau der Kokapflanze, der Verarbeitung zu Kokain und seiner weiteren Vermarktung leben.

Da das Drogengeschäft als internationales organisiert ist, steht für die Führer der westlichen Industrienationen - insbesondere den US-amerikanischen Präsidenten - fest, daß sie ihren Drogenkampf nicht auf ihren eigenen Hoheitsbereich beschränken können, sondern andere Staatsgewalten für ihren Kampf gegen die Drogen mit in Anspruch genommen werden müssen. So wird aus einem innenpolitischen Problem ein außenpolitischer Anspruch an den Rest der Staatenwelt.

In den ersten Jahrzehnten nach dem Zweiten Weltkrieg fanden Drogenproduktion und -handel Ost- und Südostasiens mehr politische Beachtung als jene Lateinamerikas. Im Gegensatz zu den Drogenbekämpfungsbemühungen früherer US-Präsidenten gilt Bushs Hauptaugenmerk beim *war against drugs* Lateinamerika - speziell den Andenstaaten: Hierher stammen jene illegalen Drogen zum überwiegenden Teil, die in den USA - dem größten Drogenabsatzmarkt der Welt - konsumiert werden.

Die Bekämpfung von Drogenproduktion und Drogenhandel - der *war against drugs* - ist unter Präsident Bush zur neuen *nr.1 priority* in der Lateinamerikapolitik der USA geworden und auch unter Präsident Clinton von großer Bedeutung für die US-lateinamerikanischen Beziehungen geblieben. Im September 1989 kündigte Präsident Bush (auf dessen „Drogenkrieg" sich die vorliegende Studie konzentriert) die *Andean Strategy* an: den Plan seiner Regierung, das Angebot an Kokain, dort wo es erzeugt wird, anzugreifen. Mit dem Ende des Kalten Krieges wird damit Zentralamerika - Schwerpunkt von US-Interventionen und -Militärhilfe zu Zeiten der Ost-West-Konfrontation - von der Andenregion abgelöst.

Die Ordnungsansprüche der verbliebenen Weltmächte gegenüber anderen Staaten sind mit dem Ende der Sowjetunion um kein bißchen bescheidener geworden: Auch in ihrer "Neuen Weltordnung" sehen sich die USA als Ordnungsmacht weltweit durch "Bedrohungen" in zahlreichen kleinen Unruheherden gefordert. So führte die Bush-Regierung neben dem Golfkrieg einen Krieg in den Anden mit großem militärischem und finanziellem Aufwand.

Dieser "Drogenkrieg" fand zwar in Form aufgeregter und sensationslüsterner Schlagzeilen in den Medien eine gewisse Beachtung; wie auch Drogenproduktion und -konsum wurde der *drug war* allerdings seltener in rationeller Weise und mit theoretischer Distanz einer Untersuchung und Beurteilung unterzogen. Das ist die Absicht dieser Arbeit. Im Unterschied zur Flut journalistischer Studien und Kriegstagebücher - die sich mit spektakulärer Berichterstattung über die blutigen Auseinandersetzungen der Drogenmafiafraktionen und einem Fingerzeig auf "lateinamerikanische Gewalt und Korruption" begnügen - soll hier der Gegenstand der Untersuchung nicht nur mit einer Fülle von Fakten und Namen beschrieben und bebildert, sondern eine Klärung der Drogenökonomie und des US-Drogenkrieges in Kolumbien - ihrer Gründe, Zwecke und Wirkungen - unternommen werden.

Aufbau der Arbeit - Forschungsleitende Fragestellungen - Methoden

Den ersten Schwerpunkt der Arbeit stellt die Untersuchung der Drogenproduktion in den Andenstaaten Bolivien, Peru und Kolumbien dar (erster Teil). Hier soll der zentralen Fragestellung der vorliegenden Arbeit nachgegangen werden: Inwiefern ist die Drogenökonomie in den Anden eine Hinterlassenschaft von 500 Jahren Weltmarkteinbindung? Inwiefern ist sie - sowohl was die Ausbeutung bei der Produktion und die Riesengewinnspannen als auch die ruinösen Folgen für die Bevölkerungsmehrheit und die Natur der betroffenen Regionen betrifft - ein typisches "Drittweltgeschäft"?

Den zweiten Schwerpunkt der Arbeit bildet die Untersuchung des Drogenkriegs der Bush-Administration in den Andenstaaten - speziell in Kolumbien (zweiter Teil). Die zentrale These ist hier, daß es sich beim US-Krieg gegen die Drogenproduktion in den Anden nicht um ein gemeinsames Anliegen des "Konsumentenlandes" USA und der "Produzentenländer" in den Anden handelt, bei dem die USA ihre südlichen Nachbarn unterstützen und ihnen hilfreich zur Seite stehen: Es geht vielmehr um einen gegen die Interessen der Andenstaaten gerichteten, ihnen aufgezwungenen Krieg, eine Spielart des US-Ordnungsanspruches in Lateinamerika. Zentrale forschungsleitende Fragestellungen der Arbeit waren hier: Wieso können die USA die Andenstaaten dazu drängen, sich an der Bekämpfung der Drogenproduktion zu beteiligen, und inwiefern ist Bushs *drug war* eine Spielart des US-Ordnungsanspruches? Inwiefern handelt es sich hier um ein Novum, eine Besonderheit, einen Bruch, inwiefern um Kontinuität in den US-lateinamerikanischen Beziehungen? Welches Instrumentarium, welche Mittel setzen die USA ein? Was sind die Auswirkungen dieses "Drogenkriegs" auf Kolumbien?

Die vorliegende Arbeit basiert auf einer Untersuchung, die im wesentlichen vor Ort recherchiert wurde. Über die Thematik dieser Arbeit - speziell über Bushs Drogenkrieg in Kolumbien - existiert derzeit wenig deutschsprachige politologische Literatur. Deshalb hat sich die Untersuchung vorwiegend auf angloamerikanische und lateinamerikanische Abhandlungen gestützt. Wesentliche Arbeitsgrundlagen lieferten auch die Interviews mit Experten. Aus Sicherheitsgründen wurden nur diejenigen Personen zitiert, die ausdrücklich eingewilligt haben.

Eine technische Anmerkung wäre vorweg zu den Zahlen betreffend die Koka- und Kokainproduktion zu geben: Da es sich um einen illegalen Wirtschaftszweig handelt, sind alle angegebenen Zahlen Schätzungen. Das Auftauchen immer neuer, besser versteckter Anbauzonen erschwert eine genaue Erfassung noch zusätzlich.

Danken möchte ich an dieser Stelle allen, die auf die eine oder andere Weise zum Entstehen dieser Arbeit beigetragen haben und mich mit Solidarität, Anregungen, Informationen und Kritik unterstützt haben.

ERSTER TEIL:
DIE DROGENÖKONOMIE IN DEN ANDEN

ERSTES KAPITEL: DIE DROGENÖKONOMIE IN DEN ANDEN - EIN PRODUKT VON 500 JAHREN WELTMARKTEINBINDUNG

I. Die fertig entwickelte Abhängigkeit Lateinamerikas von den führenden Wirtschaftsnationen

Unzählige Staaten, die einmal erwartungsvoll in die Unabhängigkeit aufgebrochen sind, sind zu weltpolitisch bedeutungslosen "Armenhäusern" geworden: Das Programm, dem Vorbild der westlichen oder realsozialistischen Nationen nachzueifern, Reichtumsquellen im Land zu erschließen, eine in der internationalen Konkurrenz erfolgreiche nationale Industrie sowie heimische Märkte aufzubauen und sich weltpolitisch im Rahmen der internationalen Institutionen Geltung zu verschaffen, ist gescheitert.

Vollzogen ist der Prozeß der Entwurzelung und Verelendung der Bevölkerungsmehrheit der lateinamerikanischen Staaten, die zur Devisenproduktion gar nichts beiträgt, sondern - vom Standpunkt eines nationalen Haushalts betrachtet - größtenteils eine pure ökonomische Belastung ist. Für die ihrer Subsistenzmittel mehr und mehr beraubte, vom Geschäft mit Rohstoffen und Agrargütern abhängig gewordenen Bewohner ganzer Landstriche gehören Elend und Hunger zu den üblichen Lebensbedingungen, so auch für weite Teile der andinen Bevölkerung.

> Laut Statistiken der FAO [Welternährungsorganisation] leben 183 Millionen der 300 Millionen Lateinamerikaner in Armut. Davon wiederum werden 87,7 Millionen Menschen als "extrem arm" eingestuft - das heißt sie haben weder Arbeit, noch ein Dach über dem Kopf [und] ...sind im Kampf um das schiere Überleben fast völlig auf Almosen angewiesen.
>
> Rund 60 Millionen Lateinamerikaner, 52% davon Kinder unter zwölf Jahren, leiden nach Angaben der FAO an Anämie, hervorgerufen durch Eisenmangel. Das Heer der chronisch Unterernährten wird auf derzeit 55 Millionen geschätzt. Ihre Zahl wird nach Prognosen der Weltorganisation bis zur Jahrtausendwende auf mindestens 62 Millionen steigen.[2]

40% der Bevölkerung in Kolumbien leben 1988 in absoluter Armut.[3]

Die Zustände in den lateinamerikanischen Drogenanbaustaaten sind, wie die in anderen sog. "Drittweltstaaten", durch die Geschichte ihrer gewaltsamen Umwälzung und Unterwerfung unter die politischen und ökonomischen Interessen auswärtiger Mächte zu erklären.

Die präkoloniale Produktionsweise wurde zerstört, und durch den Raub von Naturschätzen und Gold haben die damaligen Weltmächte den Reichtum angehäuft, der für die Schaffung der kapitalistischen Industrie vonnöten war. "Die Goldschätze der Azteken waren nicht geschaffen worden, um Europa als Weltgeld und nationaler Schatz zu dienen. Um sie dazu zu machen, bedurfte es der Gewalt".[4] Die Länder Zentral- und Südamerikas wurden in den Weltmarkt einbezogen: erst noch als Kolonien, dann als unabhängige Staaten - verwiesen auf den Platz von Rohstofflieferanten, die auf Devisendiktat produzieren, abhängig von den Rohstoffen und ihrem jeweiligen Weltmarktpreis. Ihre Ökonomien wurden zugerichtet nach den Bedürfnissen einer Reichtumsakkumulation andernorts - nämlich in den Metropolen des weltweiten Geschäfts.

> Armes Lateinamerika, so unermeßlich reich gesegnet mit Natur- und Bodenschätzen. 500 Jahre lang hat es den Wohlstand der abendländischen Welt genährt mit seinem Gold und seinem Silber, Kupfer und Zinn, mit Zucker, Tabak, Kaffee und Bananen, Baumwolle und Kautschuk, Mahagoni und Palisander, Indigo, Terpentin, Salpeter und Guano.[5]

Der Mangel an weltmarktfähigen Angeboten und Alternativen hat auch die seit ca. 170 Jahren souverän gewordenen Kolonien Lateinamerikas für ihre Einnahmen und Ausgaben ganz auf den Anbau von Kaffee, Tee, Kakao, Kautschuk oder den Abbau von Kupfer und anderen zufällig vorhandenen Rohstoffen verwiesen. Die dort seit der Unabhängigkeit jeweils bestimmenden Weltwirtschaftsmächte (erst vor allem England und schließlich die USA) haben in diesen Ländern - wie in anderen entkolonialisierten Staaten Afrikas und Asiens - die agrarische Produktion und die Rohstoffgewinnung entwickelt, die der Weltmarkt braucht. Galeano schreibt:

> Die blühenden Zonen bestanden immer gleichzeitig mit anderen, die im Verfall begriffen waren, im Gleichklang mit den jeweiligen Perioden des Aufstiegs oder des Niedergangs der Exporte von Edelmetallen oder von Zucker, und die Zonen, die sich in einer Periode des Abstiegs befanden, versorgten die blühenden Zonen mit Arbeitskräften. .....Ihre Gewinne kamen von auswärts; sie standen mit dem ausländischen Markt in engerer Beziehung als mit der Region, in der sie lebten. Landeigentümer, Bergwerksbesitzer und Händler waren nur zur Erfüllung dieser Aufgabe da: Europa mit Gold, Silber und Nahrungsmitteln zu versorgen.[6]

Ein Beispiel für jene vergessenen lateinamerikanischen Städte, die "jählings vom Gipfel des Glanzes ihrer Edelmetalle in den tiefen Abgrund der leeren Stollen"[7] stürzten, so Galeano, liefert Potosí im bolivianischen Hochland am Fuße des Cerro Rico - Ende des 16. Jahrhundert eine der größten und reichsten Städte der Welt mit damals mehr Einwohnern als Paris, Sevilla, Madrid oder Rom.[8] Ortlepp schreibt über Potosí:

> Von ihrem märchenhaften Reichtum in der Ära der spanischen Vize-Könige zeugen bis heute die prunkenden Barockfassaden von 30 Kirchen und Klöstern....die gewaltigen Räderwerke der Holzpressen ..., die damals den offenbar unerschöpflichen Silberstrom aus dem Cerro Rico in Stangen quetschten, in Scheiben schnitten und zu Münzen prägten, zur Bereicherung der kastilischen Herrscher und der Bankhäuser Europas.....Ein Vierteljahrhundert lang quoll Silber aus dem Cerro Rico. Dann waren die waren die Adern schließlich doch erschöpft, der Bergbau wurde eingestellt. Das ruhmreiche Potosí, anno 1807 laut erzbischöflicher Erhebung entvölkert bis auf 13.700 Seelen, versank in den tiefen Schlaf einer Geisterstadt.[9]

Aber wiederum hundert Jahre später wurde Potosí erneut zur bedeutenden Rohstoffquelle:

> Zinn, das silbrig glänzende Metall, bis dahin als nutzloses Abfallprodukt mißachtet, hatte das Wunder der Wiedergeburt bewirkt. Denn ohne Zinn entsteht kein Weißblech, und dieses billige Zeug, hervorragend geeignet zur Massenproduktion, war unersetzlich im gerade anbrechenden Zeitalter der Blechdose, des Corned Beefs und der Ölsardinen, für die wachstumskräftigen Konservenindustrien des 20. Jahrhunderts. So stiegen neue Generationen indianischer Mineros in die Schächte des Cerro Rico von Potosí. Im anhaltenden Boom entfalteten sich die Imperien der legendären Zinnbarone Patino, Aramayo und Hochschild, und auf den neuen Eisenbahnstrecken dampften nun die Erzzüge vom Altiplano hinab zu den chilenischen Pazifikhäfen. Das arme Bolivien, so reich am begehrten Rohstoff, hatte Anschluß gefunden an die moderne Weltwirtschaft.[10] [Auf den Verfall der bolivianischen Zinnwirtschaft soll in der Folge noch eingegangen werden. Anm. der Verf.]

Mit entsprechenden Importregelungen, auswärtigen Krediten, Firmen, dem Kapitaleinsatz von transnationalen Konzernen und Beteiligungen sind vor allem in den letzten vier Jahrzehnten die Förderstätten und Plantagen einschließlich der notwendigen Infrastrukturen auf- und ausgebaut und - soweit erforderlich - ganze Regionen umgekrempelt worden: So sind die lateinamerikanischen Staaten vollständig davon abhängig geworden, welches Angebot sie für das industrielle Wachstum in den westlichen Industriestaaten - insbesondere den USA - darstellen. Der Status des als souverän anerkannten Nationalstaats hat sich dabei als eine andere günstige Verlaufsform der alten ökonomischen Ausbeutung und Abhängigkeiten zu Gunsten der bestimmenden Subjekte des weltpolitischen Geschehens erwiesen.

> Für den Eigenverbrauch werden die rauhen Berghänge bebaut, für die Ausfuhr die fruchtbaren Ebenen: der beste Boden ist für den Kaffee, den Zucker, den Kakao und die anderen Produkte bestimmt, die der nordamerikanische Markt braucht.... Gleichfalls fehlt es nicht an Fabriken, in denen Kinder für einen Dollar pro Tag Kassettenrecorder und elektronische Einzelteile montieren. Natürlich handelt es sich um Produkte für den Export und natürlich wird auch der Gewinn exportiert, nachdem der Anteil für die Verwalter des Terrors abgezogen wurde.[11]

Umgekehrt zur Abhängigkeit der "Drittweltländer" haben sich die "nachfragenden" westlichen Industrienationen durch die Diversifikation der "anbietenden" Rohstoff- und Agrarländer, durch die reichliche Erschließung von Rohstoffen und die Ausweitung der monokulturellen Produktion sukzessive von speziellen nationalen Exporteuren unabhängig gemacht. Alle erforderlichen Grundstoffe für die Konjunkturbedürfnisse der Weltwirtschaftsmächte - ihre Industrie und Lebensmittelherstellung - sind heute reichlich vorhanden, einschließlich der dafür benötigten Transportwege und anderer Infrastruktur.

Den "Drittweltstaaten" als Anbietern von Rohstoffen und Agrargütern hat diese Entwicklung das Druckmittel genommen, ihr Angebot für sich zu nutzen und lohnende Preise durchzusetzen. Da wo der Nachfrager das Angebot bestimmt, so das Marktgesetz, sinkt der Preis. Die Preise für die immer zu reichlich angebotenen Rohstoffe und Agrargüter fallen laufend, und die Exporteure sind ständig gezwungen, ihr Angebot zu vermehren und damit die Preise weiter zu verschlechtern (Verschlechterung der *terms of trade* für die "Entwicklungsländer"). Es sei denn, sie verzichten auf Erträge, um den Preis durch ein knapperes Angebot zu stützen. Das ist allerdings keine Alternative für Staaten, die ihre Einkünfte zu 90% und mehr aus solchen Exporten bestreiten. 1989 machten die Exporterlöse in Kolumbien allein durch den Kaffee 51%, in Bolivien nur durch Zinn und Erdgas 76% und in Peru allein durch landwirtschaftliche Produkte und die drei Erze Kupfer, Silber, Zink 59% aus.[12]

Diverse Abkommen, wie das Abkommen der Kupfer produzierenden Länder CIPEC (*Consejo Intergobernamental de Paises Exportadores del Cobre*) oder der ITC (*Internacional Tin Council*)[13], in denen die Preise stabilisiert und die Angebotsmengen geregelt werden sollen, beweisen die Notwendigkeit einer politischen Korrektur dieses Weltmarktgesetzes, um sein dauerhaftes Wirken überhaupt erst zu ermöglichen. Die Umgehung, die ständige Neuverhandlung und das Scheitern von Abkommen dieser Art zeigen andererseits die Grenzen, die solchen Korrekturen gezogen sind.[14] Vor allem die mit weniger nachgefragten Gütern ausgestatteten Rohstoff- und Agrarländer merken an ihren beschränkten und tendentiell immer sinkenden Einnahmen, daß der Reichtum ihres Staats sich nur einem auswärtigen Interesse an ihnen und durch sie unbeeinflußbaren Anteilen am Erfolg von Produktion und Geschäft in den Industrieländern verdankt. Über das, was sie sich leisten können, entscheiden die zufälligen Vorzüge der Natur und des Klimas ihres Landes, auf die sie zurückgeworfen sind. Ihre Reichtumsquellen selbst sind aber keine ausreichende Grundlage für die Finanzierung ihrer bescheidenen Staatsnotwendigkeiten und -vorhaben.[15]

Solange der Westen diese Staaten mit der Errichtung von Hafenanlagen, Kraftwerken und Straßen, mit der Vorfinanzierung von Fonds zur Stabilisierung der Preise und Unterstützung sonstiger finanzieller und militärischer Art zu zuverlässigen Rohstofflieferanten - und zu verläßlichen politischen und strategischen Positionen gegen die Sowjetunion - erst noch ausbauen mußte, hat sich eine geraume Zeit lang das Interesse der Weltwirtschaftsmächte mit den Entwicklungsambitionen von "Drittwelt"-Politikern scheinbar gedeckt: Projekte, Kredite und politische Kontakte wurden mit viel Respekt vor den "Partnerstaaten" in der "Dritten Welt" und ihrer Entwicklungsziele garniert. Einigen begünstigten lateinamerikanischen Ländern ist die Errichtung von Weiterverarbeitungsbetrieben gelungen, nicht aber die Schaffung von Profit. Gewachsen sind so nicht ihre Reichtumsquellen, sondern ihre Schulden. Carrizosa bezeichnet Kolumbien als "un buen deudor y un fiel pagador"[16] einer Auslandsschuld von 16 Mrd. US$ (1988). Diese Schuld hat sich zwischen 1950 und 1970 verelffacht, von 1970 bis 1984 vervierzehnfacht.[17]

Die betroffenen Staaten zehren ihre Einnahmen größtenteils im Schuldendienst auf, und ihre Vorhaben haben nur ihre Abhängigkeit von ihren wenigen weltmarktfähigen Rohprodukten verstärkt.[18] Ausländische Investitionen und Kredite stellen sich für die lateinamerikanischen Staaten wie für andere sog. "Entwicklungsländer" mehr und mehr als eine Existenznotwendigkeit dar, um auch nur die elementarsten politische Funktionen ihrer Staatsmacht aufrechtzuerhalten und die Lasten zu bewältigen, zu denen u.a. ihre jeder Existenzbedingung beraubten Bevölkerungsmehrheiten geworden sind. Auch die besser gestellten Länder Lateinamerikas verlegen sich deshalb mehr und mehr auf den puren Raubbau am eigenen Land und suchen verzweifelt nach einer Nachfrage - für Müllablagerung, Tourismus...- , die sie bedienen könnten.

Für die Industrieländer wiederum sind Kredite und Investitionen in Lateinamerika wie in der restlichen "Dritten Welt" immer überflüssiger und weniger lohnend: Die vom Westen gewünschten Verhältnisse sind auch bei sinkenden "Entwicklungshilfekrediten" gesichert. Die Rohstoffbörsen, die nicht zufällig in den Zentren des Weltmarkts angesiedelt sind, werden reichlich beliefert, und die Sowjetunion sowie die gegen sie gerichtete westliche Front, für die rund um den Globus um Einfluß gerungen wurde, existieren nicht mehr. Dazu kommt, daß die betroffenen Agrar- und Rohstoffländer die ersten Stufen der Weiterverarbeitung ihrer Naturprodukte selten erreichen, noch seltener auf dem Weltmarkt zugelassene konkurrenzfähige Landwirtschaftsexporteure sind. Darüber hinaus verfügen sie sowenig wie eh und je über eine internen Markt, der den Exporteuren der Industrienationen bedeutende Absatz- und Geschäftsmöglichkeiten bieten könnte. Die in weiten Teilen der "Dritten Welt" immer geringer werdenden "Entwicklungshilfekredite" dienen deshalb nicht mehr dem Ausbau, sondern nur noch der Aufrechterhaltung dieser Abhängigkeiten: Durch sie wird der Schuldendienst, der in manchen Staaten Lateinamerikas die erhaltenen Neukredite übersteigt, laufend verlängert und jene paar Projekte, die als Ersatz für die längst zerstörte Subsistenzwirtschaft der lateinamerikanischen Bevölkerung herhalten müssen, symbolisch unterstützt.[19]

II. Verfall der Weltmarktpreise für Kaffee und Zinn - Kokainexport als neue florierende Deviseneinnahmequelle für die Andenstaaten

Je mehr eine Nation auf den Export eines Rohstoffes setzt, um so schlechter wird ihre Position bei den Weltmarktpreisen, um so abhängiger ist sie vom Rohstoff und seinem Weltmarktpreis. Gerade die Andenstaaten haben mit diesem Marktmechanismus vor kurzem ihre Erfahrungen machen können.

Der Kaffee, Kolumbiens bisherige wichtigste Devisenquelle, macht mehr als 50% der Deviseneinnahmen aus. Durch das Sinken der Kaffeepreise auf dem Weltmarkt verlor Kolumbien bereits von 1986 auf 1987 einen enormen Teil seiner Einnahmen: Statt ca. 3 Mrd. US$ brachte der Kaffee-Export 1987 nur noch 1,7 Mrd. US$ ein. Im gleichen Zeitraum (1986 bis 1987) verdiente die Drogenmafia in Kolumbien 9 Mrd. US$, von denen 1,7 Mrd. US$ im Land blieben; der Rest wurde international angelegt.[20]

> Dies bedeutet, daß Kokain als illegales Exportgut annähernd ebenso viele Devisen [wie der Kaffee] erwirtschaftet. Betrachtet man die Export-Einnahmen der gesamten Parallelökonomie, so dürften die Einnahmen aus dem Kaffee-Exporten übertroffen werden. [21]

Im Juli 1989 hat die Bush-Regierung im Namen der freien Marktkräfte das internationale Kaffeeabkommen, den *pacto cafetero internacional*, mit seinen Garantiepreisen für Rohkaffee zu Fall gebracht. Der Markt hat selbstverständlich sofort reagiert: Der fünfzigprozentige Preisverfall am internationalen Kaffeemarkt bedeutet für Kolumbien einen weiteren wirtschaftlichen Schaden von rund 400 Millionen US$; Hoffmann spricht sogar von Mindereinnahmen von rund 450 Millionen US$.[22]

Damit löst die Droge den Kaffee als wichtigstes kolumbianisches Exportprodukt ab:

> Sin embargo, el monto de esta *ganancia* tentativa es casi idéntico al que en realidad pierde el país anualmente desde el colapso del Pacto Cafetero Internacional en julio 1989. En pocas palabras, más que la creación de un mayor intercambio bilateral, lo que resulta es una compensación por las pérdidas ocasionadas por la caída del precio del café.[23]

Auch die Weltmarktpreise für andere legale agrarische Exportprodukte der Region fallen und lassen "den Anbau von Reis, Kaffee, Yucca, Mais oder Früchten zum Risiko werden."[24] Im November 1989 lehnte der US-Kongreß eine

Regierungsvorlage ab, "die diversen landwirtschaftlichen Erzeugnissen der Andenländer im Handelswert von wenigen Millionen Dollar den Zugang zum US-Markt erleichtern sollte".[25]

> ...it still appears much more lucrative to grow coca than any other substitute. This applies especially when one compares the earnings from coca-fields in the lowland with the earnings from potato, maize or wheat fields in the highlands.[26]

Ein anderes Exportprodukt aus der Region, der Rohstoff Zinn, das wichtigste Exportprodukt Boliviens, welches bis 1985 mehr als 50% der Deviseneinnahmen einbrachte, kennt einen ähnlichen Preisverfall wie der Kaffee: Der Zinnkrach an der Londoner Metallbörse 1985 und der darauf folgende Erdrutsch der Zinnpreise auf dem Weltmarkt (von 15 auf 2,20 US$) versetzte dem Bergbau endgültig den Todesstoß und löste die schwerste Wirtschaftskrise der bolivianischen Geschichte aus. Es folgte der Preisverfall von Erdgas, dem zweiten legalen Hauptexportprodukt Boliviens, und vom Erdöl (von 15 auf 9 US$ pro *barrel* 1986[27]). Von 1980 bis 1987 sank der Wert der legalen Ausfuhren um 45%. Das Bruttosozialprodukt fiel allein 1985 um ein Fünftel, die Inflationsrate wuchs explosionsartig an und verzeichnete den Weltrekord von über 30.000%.[28]

"Durch die beginnende Crack-Welle in den USA bildete die Kokaproduktion den einzigen blühenden Sektor der daniederliegenden bolivianischen Wirtschaft", so Hoffmann.[29] Der Kokainboom begann zu einer Zeit der sinkenden legalen Exporteinnahmen. Bascopé schreibt: "Als die herrschenden Klassen einsahen, daß der Zinnzyklus sich langsam seinem Ende näherte, wurde die "Kokain-Ader" entdeckt."[30] Auch vielen Baumwollplantagenbesitzern wurde klar, daß in Anbetracht sinkender Baumwollpreise mit dem Kokaexport weit größere Gewinne zu erzielen waren. In Bolivien haben sich die Koka und seine Derivate zum wirtschaftlich wichtigsten Produkt des Landes entwickelt.[31]

Im Jahr 1985 lagen die Deviseneinnahmen aus dem Koka und seinen Derivaten in Bolivien noch bei schätzungsweise 250 Millionen US$ gegenüber von einem Total von 900 Millionen US$ aus dem Export von Gas, Mineralien und traditionellen Exporten. 1987 betrugen die Einnahmen aus dem Kokaexport bereits 500 Millionen US$ gegenüber insgesamt 650 Millionen aus traditionellen Exporten, u.a. Mineralien und Erdgas (letzteres im Wert von 345 Millionen).[32]

1992 trägt die Koka-Industrie laut Boliviens Präsident Jaime Paz Zamora (im Amt von 1989 bis 1993) mehr als 50% zum Exportvolumen bei.[33] Eschenbacher spricht im Zusammenhang mit der Kokawirtschaft von einem "Garanten für gesamtwirtschaftliche Impulse, Arbeitsplätze sowie Devisen" und dadurch "einer tragenden Säule" der bolivianischen Wirtschaft[34], Hoffmann von einer "unverzichtbaren Stütze" und dem "geheimen Motor der nationalen Ökonomie, die ohne diesem florierenden Sektor und den Deviseneinnahmen aus dem illegalen Drogenexport wahrscheinlich völlig zusammengebrochen wäre."[35]

> Inmitten einer ungerechten Weltwirtschaftsordnung, die die *terms of trade* der Andenstaaten ständig verschlechtert, bietet die Droge eines der ganz wenigen Produkte, die noch gewinnbringend ins Ausland verkauft werden können. Gerade in Bolivien und Peru stellen die Kokadollars unverzichtbare Deviseneinnahmen dar.[36]

In Peru wird mehr als die Hälfte des weltweiten Kokablattangebots (65% der Weltkokaernte) angebaut und etwa doppelt so viel Kokainrohstoff produziert wie im benachbarten Bolivien.[37] Der rasante Aufschwung der peruanischen Kokaproduktion vollzog sich ähnlich wie in Bolivien: Lag Mitte 1985 der Weltmarktpreis pro Tonne Kupfer, dem Hauptexportgut Perus, noch bei 10.000 englische Pfund, so ist er 1987 bereits auf 3.500 englische Pfund pro Tonne gesunken.[38] Peru hat 1987 durch Kupfer Exporteinnahmen von 482 Mill. US$ - der illegale Export der Kokapaste bringt beinahe doppelt soviel: 800 Mill. US$.[39] 1991 bringt der Drogenhandel 51% der Exporterlöse des Landes.[40]

ZWEITES KAPITEL: DAS WELTWEITE DROGENGESCHÄFT - EINE INTERNATIONALE WACHSTUMSBRANCHE NACH ALLEN REGELN DER MARKTWIRTSCHAFT

Für Drogen gilt - wie für jedes andere Produkt der südamerikanischen Ökonomie - das ökonomische Gesetz der Marktwirtschaft: Auch hier kommen Angebot und Nachfrage nur deshalb zusammen, weil es einen Markt für Drogen gibt, auf dem Geld zu verdienen ist. Zahlreiche lateinamerikanische Autoren weisen darauf hin, daß die Drogenindustrie ohne den riesigen US-amerikanischen Markt niemals solche Ausmaße erreicht hätte: Eine zahlungskräftige Nachfrage - zumal in US-Dollar - schafft sich zwangsläufig ein Angebot.

In der Marktwirtschaft ist beinahe jedes Bedürfnis in Geld zu verwandeln. Umgekehrt wird ohne Geld kaum ein Bedürfnis befriedigt, meist nicht einmal erregt. Wenn es nicht ums Geschäft ginge, gäbe es auch kein Interesse, ein Bedürfnis nach Rauschmitteln zu wecken und durch Angebote auszunutzen. Nur "in kapitalistischen Gesellschaften....gibt es ein Interesse, die Ware Droge zum Zwecke der Profitmaximierung herzustellen und zu vertreiben", ein "nach kapitalistischem Verständnis legitimes Interesse, das die gesellschaftliche Nützlichkeit eines Produktes immer hinter das Ziel der Gewinnmaximierung stellt".[41]

Das Angebot an Drogen und die Versorgung der Leute damit kommt also auf genau dieselbe Weise zustande wie die Versorgung des Marktes mit anderen Waren.[42] "Warum sollten auf dem Markt für Drogen andere Gesetze gelten als auf den Märkten für andere Produkte - vom Auto bis zur Zucchini?"[43] Auch Amendt weist darauf hin, "daß Drogen Waren sind, und daß der Drogenhandel Gesetzmäßigkeiten folgt, die dem freien Warenverkehr eigen sind."[44]

> ...the production of drug crops such as coca and opium is governed by basic economic principles no different from those governing the production of, say, maize or pineapples. Both the international drug-dealing cartels and the legitimate multinational cooperations share the objective of pursuit of profit.[45]

Für Uprimny sind Marihuana und Kokain "Waren, die trotz ihrer Illegalität den ökonomischen Gesetzen des Kapitalismus unterworfen sind"[46], andere Autoren bezeichnen Kokain als "ein weltwirtschaftlich bedeutsames Produkt, dessen Produktion und Absatz vom Markt geregelt wird, weil es unvorstellbare Gewinnmöglichkeiten bietet".[47]

Wenn jedes Bedürfnis nur befriedigt wird, weil und soweit sich daraus ein Geschäft machen läßt, dann wird aber umgekehrt auch jedes Bedürfnis bedient, aus dem Geld zu schlagen ist. So kalkulieren Geschäftsleute - und so sollen sie in der Marktwirtschaft auch kalkulieren. Sarmiento und Krauthausen schreiben: "Es geht den Kokainunternehmern um dasselbe wie ihren legalen Kollegen: Sie wollen Gewinne scheffeln und Reichtum anhäufen."[48] Die Kokainunternehmer verhalten sich "- den Spielregeln des kapitalistischen Marktes gemäß - völlig systemkonform."[49] Sie arbeiten "nach marktwirtschaftlichen Prinzipien"[50].

Bezeichnend ist in diesem Zusammenhang das Interview des Drogenbarons Gacha, dessen Inhalt Delgado sinngemäß folgendermaßen wiedergibt:

> Für Kalbfleisch wie für Waffen, für Chemieabfall wie für Fahrräder, für alle Produkte und Bedarfsartikel der Warenwelt gilt nur ein ökonomisches Gesetz: Wenn Geld damit zu machen ist, geht die Sache in Ordnung; ruinöse Folgen des Geschäfts gehen die Geschäftswelt nichts an, genauso wenig wie die Ausbeutungsverhältnisse bei der Produktion. So ist auch die Gesundheitsgefährdung durch den Drogenkonsum kein ernstzunehmender Einwand gegen ein florierendes Geschäft. Warum sollten den Drogenhändlern, völlig gegen alle guten Sitten der Marktwirtschaft, die Konsumenten am Herz liegen?[51]

I. Dimensionen des internationalen Drogenmarktes

Selbstverständlich ist das Drogengeschäft - wie jedes große Geschäft - als internationales organisiert.

Mit Millionen von Konsumenten, Hunderttausenden von Beschäftigten, einem Herstellungs- und Verteilungsnetz, das sich über den ganzen Globus erstreckt, ist der Drogenhandel vor allem in den letzten zwei Jahrzehnten zu einer der "dynamischste[n] Wachstumsbranche[n] der Welt"[52] geworden. Kraar beschreibt den internationalen Drogenhandel als "huge, multinational commodity business with a fast moving management, a widespraed-distribution network and price-intensive customers".[53]

> The drug trade is not the biggest industry in the world, but it may be the most profitable. Drug profits are based on some very simple economic facts. The ingredients that go into illegal drugs cost very little, and the market for them is enormous. [54]

Kundschaft für Drogen zu finden, ist offenbar kein Problem. Es besteht eine beträchtliche und steigende zahlungsfähige Nachfrage in den USA und in anderen Industrieländern. Die UNO schätzt, daß mit jährlich 300-400 Mrd. US$ weltweit mehr Geld für Drogen als für Ernährung ausgegeben wird,[55] davon etwa 150 Mrd. US$ jährlich für Kokain. Andere Quellen taxieren den Umsatz im Drogengeschäft global auf bis zu 500 Mrd. US$ pro Jahr - das sind dreimal so viel wie die gesamte im Umlauf befindliche Dollarmenge, das ist mehr als das Bruttosozialprodukt der meisten Länder mit Ausnahme einer Handvoll industrialisierter Staaten. "Mit 500 Mrd. US-Dollar erreicht der Drogenhandel ca. den fünffachen Jahresumsatz von General Motors, dem größten Industrieunternehmen der Welt."[56] Daase schreibt: "Das Handelsvolumen illegaler Drogen liegt hinter dem Rüstungstransfer auf dem zweiten Rang und übertrifft den internationalen Ölhandel."[57]

Die USA sind Hauptabsatzmarkt für Drogen. Auch der größte Teil - ca. 90% - der Kokainexporte des südamerikanischen Halbkontinents geht in die Vereinigten Staaten. Etwa 600.000 Heroinkonsumenten, 8 Mill. Kokainkonsumenten und 20 Mill. Cannabiskonsumenten in den USA geben jährlich zwischen 100 und 120 Milliarden US$ für Drogen aus, nach offiziellen US-Schätzungen das Doppelte, was die Nation für Öl ausgibt. 1988 konnten, so der Weltentwicklungsbericht, von 120 Ländern nur 14 ein BIP aufweisen, das höher als der Umsatz des US-Drogenmarktes liegt.[58] Seit der amerikanische Markt gesättigt ist, versuchen die Kokainsyndikate den europäischen Markt zu erobern.

In den sogenannten "Drogenkonsumentenländern", den westlichen Industriestaaten, ist die "Anfälligkeit" für Drogen an den Randbezirken der Gesellschaft besonders verbreitet: bei den Verlierern der Marktwirtschaft, die im normalen bürgerlichen Getriebe von vornherein keine Lebenschance entdecken können, und in den oberen "Schickeria"-Kreisen, wo man sich in Abwesenheit materieller Sorgen auf eine um so freiere Suche nach einem angeblich ganz eigenen Lebens- und Glücksgefühl begibt. "Bewußtseinserweiterung" durch Kokain ist da eben auch eine Möglichkeit: 80 Prozent des Kokainkonsums geht auf das Konto der "Gutbetuchten". In Teilen der jungen städtischen Mittel- und Oberschichten in den USA, bei den sog. *Yuppies*, ist Kokain ein beliebtes Statussymbol.[59]

Weiters wird der Konsum von Kokain oder Amphetaminen in manchen Berufsgruppen zum Durchhalten geschätzt. So ist Kokain ein unter LKW-Fahrern in den USA ein weitverbreitetes "Weckmittel", das auf manchem Parkplatz aus dem Kofferraum verkauft wird. Das "Glück", das hier und in ähnlich gelagerten Fällen durch den Einsatz von Drogen winkt, besteht darin, den Beruf auszuhalten und beim raschen Verschleiß der eigenen Gesundheit ein bißchen "high" zu sein.

Selbstverständlich wird auch in dieser Branche um das zahlungsfähige Bedürfnis konkurriert. Der Markt bietet ein vielfältiges Angebot: Zu den sogenannten "klassischen" Drogen, die fast ausschließlich der Pflanzenwelt entstammen, zählen u.a. Cannabis, Opiate und Kokain, ein aus Blättern des Kokastrauches extrahiertes Alkaloid, dessen Reindarstellung erstmals 1859 durch den deutschen Chemiker A. Niemann erfolgte.[60] Diese "klassischen" Drogen werden Jahr um Jahr um neue synthetisierte Wirkstoffe, sog. "Designerdrogen", ergänzt. Mit jeder neuen Kreation wird eine neue "Suchtmode" ausgelöst.

Geschickte Marktstrategien, wie zum Beispiel die Einführung von *crack*, "erschloß den Dealern nicht nur eine neue Klientel, sondern ermöglicht den Herstellern auch eine enorme Wertsteigerung[61] des Ausgangsstoffes Kokainbase"[62]: Die ohnehin sehr lukrativen Gewinnspannen lassen sich durch das Verschneiden von einem Gramm Kokain zu sechs Einheiten *crack* zusätzlich erhöhen.[63] Die neue "Arme-Leute-Droge" tauchte zum ersten Mal 1983/84 an der US-amerikanischen Westküste auf und hat sich seit 1985 auf dem Markt durchgesetzt, da sie billig und leicht herzustellen ist, und beim Konsum keine Ansteckungsgefahr mit Aids oder Hepatitis besteht.[64] Millionen von Crackabhängigen, insbesonders "Schwarze in den Ghettos am Rande der Großstädte oder in den Ballungszentren [,] kaufen sich für den Preis einer Fastfood-Mahlzeit einen heftigen, aber kurzen Trip."[65] Dabei werden die Vorprodukte des reinen Kokains, die Base oder Paste, mit Tabak vermischt und als Zigarette geraucht - wegen der darin stark enthaltenen Schmutzstoffe mit katastrophalen Folgen für die Gesundheit (Lungen, Leber- und Nierenschäden).[66] Das rasche Abflauen der Euphorie hat meist kurze Konsumintervalle zur Folge.

Welches Produkt sich am Markt durchsetzt, hängt wie immer von Geschäftsbedingungen ab: Lieferschwierigkeiten bei Kokain erhöhen erstens dessen Marktpreis und steigern zweitens die Absatzchancen für Heroin. Die Bekämpfung des Drogenanbaus in einer Region führt häufig dazu, daß sich Anbau und Weiterverarbeitung in benachbarte Regionen bzw. angrenzende Staaten verlagern, und Handelsrouten sich immer wieder ändern. Die Literatur nennt das den "Ballon-Effekt": Wird der Nachschub an Drogen aus einem bestimmten Gebiet verhindert, so entwickeln sich rasch alternative Anbaugebiete.

II. Staatliche Kriminalisierung als zusätzliche Geschäftsbedingung

Da es sich um kriminalisierte Waren handelt, sind Drogen den gleichen ökonomischen, aber nicht den gleichen außerökonomischen Gesetzen wie andere Waren unterworfen. Das staatliche Verbot verhindert den Drogenhandel nicht, sondern führt nur dazu, daß sich beide Seiten - Menschen, welche die verbotenen Bedürfnisse haben, und die, die daraus ein Geschäft machen - auf das Verbot einstellen. Ihre kriminellen Karrieren sind damit vorprogrammiert.

Für die Geschäftswelt bedeutet Illegalität nicht das Ende ihres Geschäfts, sondern eine zusätzliche Geschäftsbedingung: Gegenüber den Staatsorganen steht Abschirmung und Bestechung an. Korruption und Infiltration der Behörden soll ermöglichen, früh genug von den geplanten Aktionen des Staates zu erfahren, um sich und das Kokain rechtzeitig in Sicherheit zu bringen. Diese für die großen Drogenhändler äußerst wichtigen "Frühwarnsysteme" ziehen sich durch fast alle Ermittlungsbehörden, einschließlich der nationalen Antidrogenbehörde der USA, der DEA (*Drug Enforcement Administration*).[67]

Auch der Einsatz von Kindern und Jugendlichen vor der Strafmündigkeit beim Transport, bzw. bei der Übergabe der Ware an den Endverbraucher, ist ein weitere Reaktion der Händlerorganisationen auf die Kriminalisierung des Drogengeschäfts.[68]

Was die Geschäftspartner und auch die Konkurrenz betrifft, so kann man in der Branche auf das bürgerliche Rechtssystem mit seinem Vertragsrecht, seinen Handelsregistern, seiner Gerichtsbarkeit und seinen Gerichtsvollziehern begreiflicherweise nicht mehr bauen. Es existiert kein Rechtsapparat, der einen Drogenhändler vor Vertrauensbrüchen oder eventuellen Übergriffen der Konkurrenz schützen könnte.[69]

> El negocio en sí, al ser ilegal, no puede utilizar las instituciones establecidas por la sociedad para solucionar conflictos ..., y por lo tanto los contratos y las operaciones de compra y venta se hacen cumplir por medio de la intimidación y la violencia .... [70]

Ohne Ordnungs- und Aufsichtsinstanzen ist eine Geschäftsleben aber nicht zu machen. Für "Ordnung" und "Aufsicht" bis hin zu eigenen "Gerichten" sorgt die Branche also selbst; und die Konkurrenz wird nicht mehr mit den üblichen, überwiegend rechtlich geschützten Mitteln als Kampf ums Monopol abgewikkelt, sondern als Bandenkrieg ums Monopol.[71]

Empirische Studien betreffend die Zahlen der Morde per 100.000 Einwohner in Kolumbien illustrieren dies: Bevor der Drogenhandel spätere Ausmaße erreichte, von 1973-75, gab es 16,8 Morde pro 100.000 Einwohner. Von 1981 bis 1984 stieg die Zahl auf 30 an, 1988 verzeichnete das Land sogar 62,8, was Kolumbien zu einem der Länder mit der höchsten Zahl an Morden weltweit machte. Die von Stadt zu Stadt unterschiedlichen Kriminalitätsraten stimmen mit der Lokalisierung des Drogenhandels überein. Erreichen die Morde pro 100.000 Einwohner in Bogotá 20,8 pro Jahr, beträgt der Durchschnitt in Medellín 81,7 und in Cali 38.2. Die Kriminalitätsrate stieg um 308 % zwischen 1979 und 1986 in Cali sowie um 272 % in Medellín.[72] Bestechung und Gewalt als Mittel der Drogenhändler für ihr illegales Geschäft werden in Kolumbien als *ley de los dos metales: plata o plomo* ('Gesetz der zwei Metalle: Silber oder Blei'[73]) bezeichnet.

Vor allem in den Elendsvierteln der Millionenstadt Medellín finden die kolumbianischen Drogenhändler ideale Bedingungen zur Anwerbung von Auftragsmördern unter den Jugendlichen vor. Das Durchschnittsalter dieser jugendlichen Killer, die gegen Bezahlung in Dienst zu nehmen sind, der *sicarios*, liegt bei 16 Jahren. Die Zahl der Sicario-Banden in Medellín wird 1990 auf 160 geschätzt. Der Großteil der Mordfälle betrifft Jugendliche zwischen 11 und 22 Jahren. Mord ist in Medellín bei den Männern bis zum Alter von 45 Jahren die häufigste Todesursache. Um der Polizei die Ermittlungen der Morde, die meist vom Motorrad aus verübt werden, zu erleichtern, ist in Kolumbien das Tragen von Motorradhelmen verboten.[74]

Die Organisation eines florierenden illegalen Geschäftslebens schafft im übrigen jede Menge Unkosten: Neben Kosten und Aufwand für Chemikalien, Löhne für Laborpersonal sowie Transport und Logistik müssen unter anderem Prozeßkosten, Leibwächter, Berater und Juristen, Schmiergelder und Verluste (Beschlagnahmungen) abgezogen werden.

Viele Autoren weisen darauf hin, daß aber mit dem staatlichen Verbot noch eine weitere Geschäftsbedingung entstanden ist: Auf Basis des Verbots läßt sich aus dem Drogengeschäft hemmungslos Geld schlagen, ab jetzt können für Drogen horrende Monopolpreise verlangt werden. Die Kriminalisierung "permite la creación de rentas extraordinarias".[75] "La penalización de la producción...contribuye a aumentar su rentabilidad"[76], so Sanchez David. Auch der kolumbianische Experte Alfredo Molano äußerte sich in diesem Sinne vor einem Forum von Wissenschaftlern vor dem *Observatorio Geopolítico sobre la Droga y la Comunidad Económica Europea*:

> ...ningún cultivo legal sea el que sea, le deja al producir las ganancias que le dejan los ilegales. Aquí no hay nada que hacer. Rentabilidad - hay que repetirlo - que se origina en la ilegalización del cultivo.[77]

Es drängt sich die Parallele zur Prohibition, dem Verbot alkoholischer Getränke in den USA zwischen 1920 und 1933, auf: Der Alkoholkonsum wurde nicht verringert, sondern nur in illegale Wege gedrängt. Die Schwarzbrenner und illegalen Schankstätten erzielten riesige Gewinne, und das Alkoholverbot zog Korruption und Kriminalität nach sich.

Für die Drogenkonsumenten in den Industrieländern wird es durch die Kriminalisierung nicht nur schwierig und gefährlich, sondern vor allem extrem teuer, an die verbotenen Substanzen zu kommen. Die *Crack*- und Heroinabhängigen, die meistens sowieso kein Geld übrig haben, müssen für ihre Sucht Summen aufbringen, die weit jenseits der Kalkulationen von Normalverdienern liegen. Die paar bekannten Methoden - durch Prostitution, Diebstähle, Rezeptfälschereien und Dealen, kurz durch "Beschaffungskriminalität" - an die notwendigen Mittel zu kommen, sind unter den jetzigen gesellschaftlichen Rahmenbedingungen schon vorgezeichnet. Das Verbot macht aus Drogenkonsum und Drogensucht eine kriminelle Laufbahn.

III. Drogenhandel und internationale Bankenwelt

Das Geschäft mit Drogen funktioniert vor allem deshalb weltweit, weil eine dafür entscheidende Geschäftsbedingung zur Verfügung steht: eine internationale Bankenwelt, die dafür sorgt, daß überall auf der Welt mit Dollars Geschäfte zu machen sind. "Es gibt keinen Kontinent auf der Erde, wo nicht Banken die Milliarden der Drogensyndikate deponieren, tarnen und verschieben."[78] Auch César Gaviria Trujillo, Präsident Kolumbiens von 1990 bis 1994, äußert sich in diesem Sinne: "....alle wissen wir, daß die Drogenkartelle vom internationalen Finanzsystem abhängig sind, um ihre Gewinne zu verschieben."[79]

Den Dollars selbst, die sich in den Filialen der Großbanken sammeln, ist ja schließlich nie anzusehen, aus welcher Art von Geschäft sie stammen. "Da die Ware in ihrer Geldwerdung verschwindet, sieht man dem Geld nicht an, wie es in die Hände seines Besitzers gelangt oder was in es verwandelt ist", so Marx. "Non olet ['Es stinkt nicht'[80]], wessen Ursprungs auch immer."[81]

Es gibt für die Banken, abgesehen vom Standpunkt der staatlichen Steuergesetzgebung, überhaupt keinen Gesichtspunkt, unter dem Geld "schmutzig" werden könnte. Eine sogenannte "Geldwäsche" (*money laundering*) besteht folglich darin, dem Staat die Gewinne aus Drogengeschäften als legitimen Besitz zu präsentieren. Im Dienst der internationalen Drogenkartelle verschieben Finanzexperten Millionenbeträge solange in einem Netz weltweit kooperierender Banken und Handelsgesellschaften hin und her, bis die ursprüngliche Quelle nicht mehr zu identifizieren ist. Für die "Wäsche" der Drogengelder gibt es einige besonders geeignete Finanzplätze, vor allem karibische *Offshore-* Finanzzentren wie die Bahamas und die Cayman-Islands. Oft wird hierbei das Geld aus dem Drogengeschäft über Briefkastenfirmen verbucht, die auf diesen Inseln in großer Zahl vorhanden sind.[82] Nachdem die Gelder durch geschickte Buchungen weltweit transferiert wurden, werden sie letztlich in legale Wirtschaftssektoren - bevorzugterweise im Immobiliensektor, in der Touristikbranche und im Agrarsektor - reinvestiert: In den letzten Jahren werden Drogengelder immer öfter für den Erwerb kostbarer Kunstgegenstände und auch für größere Goldankäufe aufgewendet und so reingewaschen. In Südamerika selbst können bei einigen Banken US-Dollars in großen Mengen an Spezialschaltern, sog. *ventanillas siniestras* ('schräge Fenster'[83]), bequem, diskret und unter Umgehung aller Devisenbestimmungen in lokale Währung getauscht und als willkommene Devisen in die legale Wirtschaft eingeschleust werden.[84]

Der Transport des im Drogengeschäft verdienten Geldes bereitet den Drogenhändlern mehr Probleme als jener der Drogen. Bei großen Drogenlieferungen ist das Gewicht des Geldes schwerer als die Ware selbst. Die große Menge Bargeld und das notwendige Recycling dieser Drogenmilliarden gelten als die "Achillesferse der Drogensyndikate".[85]

DRITTES KAPITEL: ORGANISATION DER DROGENPRODUKTION IN DEN ANDEN

I. Die landwirtschaftlichen und sonstigen Zuarbeiter der Kartelle

Von den Marktchancen der Kokapflanze hängt das Überleben hunderttausender Menschen in Südamerika ab: In der Anden- und Amazonasregion leben schätzungsweise über zwei Millionen Menschen direkt von den illegalen Einkünften aus dem Anbau der Kokapflanze, der Verarbeitung zu Kokain und seiner weiteren Vermarktung.[86] Das Drogengeschäft hat die Struktur ganzer Regionen nachhaltig umgestaltet.

Nicht die Droge sorgt für die Produktionsverhältnisse, welche die Bevölkerung ganzer Landstriche vom Geschäft der Drogenkartelle abhängig macht, sondern die Regeln der Marktwirtschaft: Die Kokaplanze bringt den Händlern Profit und den Bauern ein karges Einkommen und wird deshalb angebaut. Sie ist in die lange Reihe der Rohstoffe einzureihen, von deren Weltmarktpreis die andine Bevölkerung abhängig war. Daß die Bevölkerung ganzer Regionen vom Geschäft der Drogenbarone abhängig geworden ist, ist überhaupt kein besonderes Merkmal der Droge, sondern eine ganz normale Begleiterscheinung des freiheitlichen Weltmarkts.

Für die Kokapflanze gilt das Gleiche wie für andere, legale landwirtschaftliche Produkte und Rohstoffe aus der sog. "Dritten Welt" wie Kakao, Zinn oder Schokolade: Auch bei letzteren entscheidet das Geschäft über das Schicksal ganzer Völkerschaften, weil das einzig Interessante daran ihr Weltmarktpreis ist - der in diesem Fall allerdings nicht im Straßenverkauf, sondern "an den Getreide- und Kaffeebörsen und den Finanzmärkten der Metropolen"[87] festgelegt wird. Auch Amendt betont in diesem Zusammenhang, daß von den "Marktchancen der landwirtschaftlichen Ausgangsprodukte" auch sonst "das Überleben ganzer Regionen in der sogenannten Dritten Welt"[88] abhängt.

Die Basis der Kokawirtschaft bilden ca. 80.000 Bauernfamilien, denen die Koka auch bei fallenden Preisen ein Einkommen sichert, das ihnen traditionelle Agrarprodukte niemals verschaffen könnten.

> Die Koka-Strauchkulturen bringen dagegen nicht nur die bei weitem höchsten Einnahmen, sondern sie eignen sich auch unter agrarwirtschaftlichen Gesichtspunkten als relativ anspruchslose Dauerkulturen bestens für die in Folge der Brandrodung ökologisch ruinierten Böden .....Von daher erweist sich der Koka-

Strauch als besonders vorteilhaft, da er keine bestimmten Erntezeiten vorlegt und kaum der Pflege bedarf.[89]

Die Kokapflanze ist in der Tat äußerst genügsam und gedeiht auch auf den schlechten Böden ganz armer Bauern, wo weder Kaffee, Tee, Kakao noch Früchte wachsen. Maniok, Reis und Mais laugen den Boden oft schon nach zwei, drei Jahren aus, im Unterschied zum Kokastrauch, der schon nach zwei Jahren - bei günstigen Bedingungen - 20 Jahre lang vier Ernten pro Jahr einbringt.[90]

[Die Kokapflanze]"tolerates wide variations in acidity, altitude and temperature, it has a low sensitivity to disease and pests and a long productive life (ten to twenty years), the maturation time from planting is brief (two to three years) and it crops regularly (three to four times per year). By contrast, for example rubber has a maturation time of at least ten years before full production levels are reached and tea is considerably more demanding on labour resources."[91]

Dazu kommt, daß die Investitions- und Vermarktungskosten beim Kokaanbau gering sind.

Die *cocales*, die Kokafelder, variieren in bezug auf ihre Größe zwischen einem Viertel Hektar und einigen Hektar Kokamonokultur.[92]

Virtually all coca leaf cultivation takes place on peasant small-holdings ... claimed from the forest as a result of the Bolivian and Peruvian governments colonization programmes.[93] .... the structure of coca leaf production is essentially atomistic. The industry consists of a very large number of individual peasant producers [with] an average cultivation of less than 5 ha. per unit.[94]

Über die *cocales* in der bolivianischen Kokaanbauregion des Chapare schreibt Dietz:

Die Koka-Produzenten des Chapare besitzen zumeist nicht mehr als ein "chaco", das heißt eine Parzelle von durchschnittlich 10 ha (88% der Siedler, 10% besitzen 2 chacos, 1% besitzt 3 oder mehr als 3). Diese Parzelle wird allerdings häufig nochmals unter mehreren Personen aufgeteilt, z.B. unter den in den Chapare migrierten Verwandten ..... Die Koka-Pflanzungen werden durch die Familie, teilweise aber auch mit peones oder mit Verwandten, die saisonweise aus dem Departement Cochabamba kommen, bearbeitet. [95]

A) Kolumbien

Der von den USA verursachte Zusammenbruch des Internationalen Kaffeeabkommens hat bewirkt, daß die kolumbianische Regierung in Anbetracht des bevorstehenden Zusammenbruchs des *Fondo Nacional del Café* den Einkaufspreis des Kaffees gesenkt hat. Das Fallen des Weltmarktpreises für Kaffee, der Haupteinnahmequelle der kolumbianischen Bauern, von $1.30 auf 75 cents pro Pfund allein im Jahr 1989 bedeutet Einkommensverluste für die *campesinos* von ca. 250 Millionen US$ und erweitert das Rekrutierugspotential der Drogenkartelle. In den ehemaligen *zonas cafeteras* drängen die Bauern, deren Lebensverhältnisse sich aufgrund des Sturzes des internationalen Kaffeepreises ständig verschlechtern, zum Anbau von Koka- und in zunehmenden Maße auch Mohnpflanzen. Seit einigen Jahren erweiterten die kolumbianischen Drogenhändler ihr Sortiment um Heroin.[96]

"Hunderttausende von kleinen und verarmten Siedlern" finden "in der Koka erstmals ein Produkt, das ihnen mehr schlecht als recht das Überleben gewährleistet."[97] Für Dietz bietet die Kokainwirtschaft "den einzig greifbaren Ausweg" für die von zunehmender Verarmung betroffenen Bevölkerungsteile, "die vom Niedergang der legalen produktiven Sektoren existentiell betroffen sind und mangels Alternativen jegliche Perspektive verlieren."[98] Unter Berücksichtigung der Marihuanaerzeugung bildet die Drogenproduktion die direkte oder indirekte Einkommensgrundlage von über einer Million Menschen in Kolumbien, nach Voglers Schätzungen sogar etwa 18% der arbeitenden Bevölkerung. Die Kokapflanze ist die Haupteinnahmequelle vieler Dschungelregionen.[99]

B) Bolivien

Bis Mitte der 60er Jahre wurden in Bolivien jährlich ca. 10.000t Kokablätter geerntet, die die kleinbäuerliche Subsistenzbauern mit nötigen Geldmitteln für Notzeiten versorgten und deren Eigenbedarf an Kokablättern deckten. Der wachsende Kokainkonsum in den USA ließ Ende der 70er Jahre die Kokawirtschaft schnell expandieren und die jährliche Produktionsmenge auf 25.000t steigen. Die subtropischen Yungas-Täler bei La Paz verloren ihre traditionelle Rolle als wichtigste Kokaanbauzone Boliviens an den Chapare, einen zum östlichen Tiefland gehörenden Landstrich im Verwaltungsgebiet Cochabamba.

Vor allem landlose und landarme Bauernfamilien aus den kargen Hochlandgebieten ließen die Bevölkerungszahl der nur ansatzweise erschlossenen Region des Chapare im Zeitraum von 1968 bis 1981 von 27.000 auf 84.000 ansteigen.

1982 lieferte die Region bereits mit rund 50.000t über 80% der bolivianischen Kokaproduktion. Noch höher waren die Zuwachsraten in den 80er Jahren: Einen Zuwanderstrom von tausenden verarmten *campesinos* aus dem nördlichen Hochland erfuhr der Chapare 1982/83.

Die Massenentlastungen im öffentlichen Sektor lösten 1985/86 einen weiteren Wanderungsschub aus. In Folge des Zusammenbruchs des Zinnpreises ließ Präsident Paz Estensorro (im Amt von 1952-1956, 1960-1964 und 1985-1989) zahlreiche Staatsunternehmen schließen. Es kam zu Massenentlassungen bei den Bergarbeitern der unrentablen Zinnminen: Bis 31.7.1995 wurden von den 27.568 bei der staatlichen Minengesellschaft COMIBOL beschäftigten Arbeitern 22.310 entlassen, dazu kamen Tausende von *mineros* ('Minenarbeiter'[100]) aus privaten Minen und mehrere tausend Menschen, die indirekt von der Minenwirtschaft lebten, wie z.B. die *palliris*, die auf eigene Initiative die Schutthalden der Zinnminen auf letzte Überreste des Metalls untersuchen. Die Gesamtzahl der Betroffenen wird auf 150.000 Menschen geschätzt. Die landesweite Arbeitslosigkeit verdoppelte sich, und das Einkommen derer, die noch einen Arbeitsplatz hatten, fiel um 30% und mehr. Hunger und Elend erreichten ein bis dahin nicht gekanntes Ausmaß.[101]

> Angesichts des...wirtschaftlichen Zusammenbruchs und der zunehmenden Verelendung bietet allein die Kokain-Ökonomie den landlosen campesinos, den verarmten Arbeitslosen und den Marginalisierten der Städte, die sich alle weitgehend selbst überlassen blieben, die einzige Alternative der Spirale der absoluten Verarmung zu entkommen.[102]

1988 hatte die regionale Bevölkerung des Chapare die Zahl von 200.000 überschritten, und die Kokaproduktion der Region zum Ende der Dekade betrug 100.000 t.

Die Kokabauern - oftmals ehemalige Mitglieder in Minenarbeitergewerkschaften - schließen sich in militanten Organisationen zusammen. Sie sind Teil des linken Flügels der bolivianischen Bauerngewerkschaften. Immer wieder fordern sie die Entkriminalisierung und industrielle Nutzbarmachung der "Heil- und Nährkräfte des Kokablatts"[103]. Die unter dem Druck der USA von den letzten bolivianischen Regierungen eingeleiteten Programme zur Reduzierung der Kokaproduktion müssen gegen deren harten Widerstand durchgesetzt werden. Immer wieder kommt es zu Protestaktionen: Größtes Aufsehen erregte eine

Straßenblockade von mehr als 10.000 Kokabauern aus dem Chapare im März 1987 bei Cochabamba, die vom Militär gewaltsam beendet wurde.[104]

Mit den Kokabauern und Tagelöhnern kamen Schwärme von Warenhändlern in den Chapare. Dessen kleine Hauptorte entwickelten sich zu geschäftigen Boomzentren, "die der ohne Elektrizität und Trinkwasseranschluß lebenden Bevölkerung der Region ein für bolivianische Verhältnisse ungewöhnliches Sortiment moderner Konsumartikel aus aller Welt anbieten."[105] Laut Hoffmann leben in Bolivien rund 350.000 Menschen direkt oder indirekt vom Kokahandel[106], laut anderer Quellen ein Viertel der arbeitsfähigen bolivianischen Bevölkerung.[107]

Rechnet man diejenigen dazu, die mittelbar einen großen Anteil ihres Einkommens aus Verbindungen zur erweiterten Drogenwirtschaft beziehen, ergibt sich eine Zahl von rund 600.000 Personen, was fast einem Zehntel der Gesamtbevölkerung entspricht. Zu den Nutznießern der Kokaproduktion zählen auch zahlreiche Staatsbedienstete - einschließlich Militär- und Polizeiangehörige - die durch die Entgegennahme von Schmier- und Schweigegeldern ihr mageres Gehalt aufbessern.[108]

C) Peru

"Die Zahl der Menschen in Peru, die ihr Geld beim Drogen-Multi verdienen, wird auf mehr als 500.000 geschätzt - Bauern, Pflücker, Verarbeiter, Händler und viele andere".[109] Zählt man all diejenigen dazu, die mehrheitlich vom Geld der Kokabauern und -händler leben, sind es "aber deutlich mehr als eine Million Menschen, deren wirtschaftliche Existenz von der Konjunktur der Kokainwirtschaft abhängt."[110]

Präsident Alberto Fujimori (im Amt seit 1990) geht mit einer vom IWF verordneten *"shock therapy"* vor. Die Kreditauflagen des IWF enthalten den Auftrag, die Staatsausgaben einzuschränken und die Bedingungen für Investitionen zu verbessern: Lebensmittelsubventionen müssen gestrichen, die Reste von Gesundheits- und Schulwesen reduziert und der Haushalt vollständig der Schuldenbedienung untergeordnet werden. Das Resultat ist ein Anstieg der Lebenshaltungskosten um etwa 3.500% zwischen September 1988 und September 1989. Die Ernährungssituation der Bevölkerung verschlechtert sich drastisch: 8 von 22 Millionen Peruanern leben in absoluter Armut.[111]

Von der Misere in den angestammten Arbeitsbereichen getrieben und von den Versprechungen des neuen Booms angelockt, lassen sich immer mehr Menschen, größtenteils Zuwanderer aus Hochlandregionen und den Küstenprovinzen, in den Kokazonen nieder. Das wichtigste peruanische Kokaanbaugebiet ist das rund 300 Kilometer nordöstlich von Lima gelegene Tal am Oberlauf des Huallaga-Flusses. Als neues Siedlungsgebiet geplant und erschlossen, brachten ab 1975 Kaffee und Kakao den hierher umgesiedelten *indígenas* nur noch Verluste ein. Jetzt wächst hier ein Drittel bis zur Hälfte des weltweiten Kokablattbestandes. Tagelöhnern werden dort je nach Konjunktur fünf- bis zehnfach höhere Sätze gezahlt als in anderen Agrarzonen.

Peru hat - anders als Kolumbien und Bolivien - keine nationale "Narco-Bourgeoisie"[112]. Der Handel wird fast ausschließlich durch das kolumbianische Kartell kontrolliert. Bauern im oberen Huallaga-Tal verkaufen die Kokapaste an sieben oder acht Gruppen von kolumbianischen Mittelsmänner, die in der Region stationiert sind. Diese Mittelsmänner fliegen die Paste zu den Laboratorien des Kartells an der kolumbianischen Grenze, wo sie raffiniert und nach Norden gebracht werden. Laut Collett ist das Tal eine "Kolonie des Kartells" und "peruanische Bauern sind Rohmaterialproduzenten, die nur 0,5 % des Wertes des Endproduktes erhalten."[113] Sie sind der Ausbeutung durch die Kartellmittelsmänner sowie den Verfolgungen und Mißhandlungen der Drogenpolizei ausgesetzt. Einzelne Versuche von Peruanern wie Carlos Langberg, eine alternative Drogenhandelsroute durch Mexiko in die Vereinigten Staaten aufzubauen, bevor das kolumbianische Kartell seinen Zugriff auf das Huallaga-Tal konsolidierte, schlugen fehl.[114]

Die Guerilla-Bewegungen des *Sendero Luminoso* (Leuchtender Pfad) und der konkurrierenden MRTA (*Movimiento Revolucionario de Tupac Amaru*) erkannten hier gleich in mehrerlei Hinsicht eine Chance für sich: in der Drogenökonomie eine neue Finanzierungsquelle, in den Kokabauern politische Basis und Rekrutierungspotential und in den Kokaanbaugebieten strategische Rückzugsgebiete. Die zwei Guerillabewegungen kamen 1984 zu Beginn der Kokapflanzen-Ausrottungspolitik des Präsidenten Alán García in das Tal des oberen Huallaga. Der maoistisch ausgerichtete *Sendero* gewann den Kampf um die Kontrolle des Kokaanbaus gegen die konkurrierenden Fraktionen und wurde dort zu einer entscheidenden politischen Macht. Er hat in Dutzenden von kleinen Dörfern das Sagen und in mehreren großen Städten ist sein Einfluß sehr stark. Der *Sendero Luminoso* schützt Pflanzungen, Transportwege, Laboratorien und Flugfelder gegen die Drogenpolizei und die US-amerikanische DEA (*Drug Enforcement Administration*). Vor allem durch diese Unterstützung der Kokapflanzer gegen die US-unterstützte Drogenbekämpfungspolitik Limas konnte er seinen Einflußbereich ausdehnen und sich dadurch neue Finanzierungsquellen seiner Aktivitäten eröffnen. Rund 30 Millionen US-Dollar jährlich hebt der *Sendero* ein - so lauten Schätzungen aus den späten 80er Jahren: eine Transitgebühr von den Kokaeinkäufern der kolumbianischen Kartelle und einen Anteil von der Kokaproduktion der Bauern, für die der Sendero bei den Kartellmittelsmännern höhere Verkaufspreise durchsetzt.

Seit einigen Jahren besteht eine Allianz zwischen kolumbianischen Kartellmittelsmännern und der Guerillaorganisation *Sendero Luminoso* im peruanischen Kokaanbaugebiet des Oberen Huallaga-Tal: Es ist lediglich eine taktische Kooperation, so Collett. Immer wieder gibt es Spannungen und Kämpfe zwischen *guerilleros* und Drogenhändlern, so der Gen. Juan Zarate, Chef der peruanischen Drogenpolizei.[115]

Die 1984 in das Gebiet entsandte Armee konzentrierte sich auf die Guerillabekämpfung. Das peruanische Militär war, so die Menschenrechtsorganisation *Americas Watch* an Exekutionen, Verschwinden-Lassen und Folter beteiligt. Kokabauern und Guerilla rückten enger zusammen, als die Regierung García 1987 ihre Maßnahmen gegen die Drogenproduktion intensivierte. Anfang 1989 hat das Militär eine neue Offensive gegen die 3.000 bis 5.000 *Sendero*-Kämpfer am oberen Huallaga begonnen. Laut einem Bericht des *State Department* vom Februar 1991, waren Angehörige des Militärs für die Zunahme von "widespread and egregious human rights violations" zwischen 1989 und 1990 verantwortlich, als Bushs *Andean Strategy* zur Bekämpfung der Kokaproduktion in den Anden durchgesetzt wurde. Die US-Bemühungen zur Eliminierung des Drogenhandels gefährde das Überleben von ungefähr 60.000 Familien, die vom Kokaanbau abhängig seien, so Hugo Samánez, Direktor des US-finanzierten Kokapflanzen-Ausrottungsprogramms im Tal. Laut Hernando de Soto, einem Schlüsselberater der Fujimori-Regierung treibe die Militarisierung des Drogenkriegs dem *Sendero* eine Armee von 250.000 Kokabauern in die Arme.[116]

II. Der Vermarktungsprozeß

Der Vermarktungsprozeß, von der Verarbeitung der Drogenpflanzen über den Transport bis hin zur Distribution, differiert je nach Herstellerregion und Drogenart. Generalisierend läßt er sich wie folgt skizzieren.

Die Kokaernte (z.B. der bolivianischen Chapare-Bauern) wird von zumeist inländischen Händlern aufgekauft und in versteckten Laboratorien der benachbarten Regionen (hier der Distrikte Santa Cruz und Beni) zu Kokapaste verarbeitet, die dann von kolumbianischen Ankäufern übernommen wird. Die *campesinos* geben in der Regel ihre Drogenpflanzen ohne weitere Aufbereitung, d.h. in Form von getrockneten Kokablättern (oder von "Opiumkuchen"), an den Ankäufer ab. Dieser übernimmt die Ware direkt beim Bauern, oder es fungiert beispielsweise der Kaufmann im Dorf als Ankäufer. Bisweilen transportieren die Bauern selbst die voluminösen Rohstoffe direkt zu den primitiven Labors, die sich meist in den Anbaugebieten befinden. Der Transport der Drogenpflanzen erfolgt in den oft schwer zugänglichen Gebieten durch Lasttiere und Träger, *zepes* ('Ameisen') genannt, meist landlose Tieflandindianer (in Bolivien Guaranís und Chiringuanos).[117]

Die geheimen Laboratorien stellen "die erste Station in einem mehrstufigen Verarbeitungsprozeß" dar, "in dem unter Verwendung einer Reihe von Chemikalien und Hilfsstoffen (Kerosin, Schwefelsäure, Azeton, Amoniak, Toluol, Kalk, Äther) aus den Kokablättern Kokapaste, aus der Paste Kokabase und daraus schließlich das Endprodukt Kokain entsteht."[118]

> Erzeugt wird sie von Coca-Tretern, oft Halbwüchsigen und Schulkindern, die barfuß den in Kerosin und Schwefelsäure marinierten Blätterbrei zu einer weißlichgrauen, klebrigen Masse von hohem Alkaloidgehalt zusammenstampfen, was auf die Dauer gräßliche Geschwüre an Füßen und Beinen hervorruft. Ein paar Dollar erstampfen sie sich je Nacht-und-Nebel-Schicht, werden aber häufig auch in Pasta básica ausbezahlt, die sie verkaufen oder selber rauchend konsumieren - ein extrem böses Zeug, belastet durch vielerlei Giftstoffe bis hin zu Blei, das wie ein Hammer wirkt, schlimmer noch als Crack.... Die Coca-Treter, letzte Underdogs im Wald der Desperados ... sind auch stets die ersten, denen es an den Kragen geht, wenn die Leoparden [bolivianische Drogenpolizei, Anm. der V.] zur Razzia kommen.[119]

Tausende weitere Menschen leben von den für die Kokaverarbeitung benötigten Hilfsstoffen und Chemikalien. So entstand z.B. im Einzugsgebiet des Chapare ein Schwarzmarkt für Kerosin, mit dem in absoluter Armut lebende Personen ihre ökonomische Situation etwas verbessern: Händler zahlen rund das Zwanzigfache des staatlichen Abgabepreises für den streng rationierten und hochsubventionierten Haushaltsbrennstoff, der dann mit hundertprozentigem Gewinn an die Betreiber der Drogenküchen weiterverkauft wird.

Mitte der 80er Jahre gab es im Distrikt Cochabamba allein rund 2.000 Personen, deren Tätigkeit aus dem Transport und Weiterverkauf von Toilettenpapier bestand, das bei der Herstellung von Kokapaste als Filter und Hilfsmittel zum Trocknen Verwendung findet und von den abgelegenen Laboratorien zu einem Mehrfachen des regulären Preises abgenommen wird.[120]

Nach dem ersten Verarbeitungsprozeß der Kokapaste (oder Morphinbase) reduzieren sich Volumen und Gewicht. Der Weitertransport zu den oft weit entfernten aufwendigeren Labors, übernehmen Zwischenhändler per Lastwagen oder mit kleinen Flugzeugen, die auf provisorischen Ladeplätzen inmitten schwer zugänglicher Urwaldregionen die Fracht aufnehmen. Die Veredelung zu Kokain findet üblicherweise nicht in den Anbauregionen statt, sondern in der Nähe der Ballungsräume oder in Kolumbien. Nach dem Fall des größten Kokainlabors Tranquilandia 1984 in den kolumbianischen Llanos Orientales verlagerte das Medellín-Kartell seine Kokainraffinierung auf Ranchen im Departement von Antioquia oder tief in den Dschungelregionen an der kolumbianisch-brasilianischen-peruanischen Grenze.

Noch vor einigen Jahren wurde annähernd die gesamte Kokablätterernte in Kolumbien zu Kokain verarbeitet. Die "Anbauländer" Bolivien und Peru nahmen auch im Bereich des Drogenhandels "die Stellung eines Lieferanten billiger Rohstoffe"[121] ein.

Seit einiger Zeit ist dieses kolumbianische Monopol zerbrochen. Obwohl Kolumbien nach wie vor der Kokainlieferant Nummer eins in der Welt ist, entstehen in Bolivien, Ecuador und Peru in den schwer zugänglichen Urwaldregionen immer mehr geheime Kokainlaboratorien.[122]

Die bolivianischen Drogenorganisationen z.B. lösen sich mehr und mehr aus der reinen Zulieferrolle. Die Veredelung zu Kokain im eigenen Land bringt, wie bei anderen Agrarprodukten auch, höhere Gewinne. Vor allem seit Mitte der 80er Jahre die Preise für Koka und Kokapaste gesunken sind, versuchen die Produzenten dieser Rohstoffe durch eigene Kokainherstellung die geringeren Gewinne auszugleichen.[123]

Alles, was zur Herstellung und Verbreitung der Ware Droge benötigt wird, ist für Geld auf dem freien Markt erhältlich: Die chemischen Substanzen und Laboreinrichtungen, die zur Aufbereitung der Koka- und Mohnpflanzen zu Kokain und Opium erforderlich sind, "werden in großen Mengen legal und industriell produziert".[124] Nur für die peruanische Jahresproduktion von etwa 660 Tonnen Kokain sind 570.000 Hektoliter Kerosin, 320.000 Hektoliter Schwefelsäure, 64.000 Liter Aceton und Tonnen von Kalk notwendig, so die Schätzungen der Rauschgiftexperten.[125] "Hergestellt werden die wesentlichen chemischen Stoffe und Vorprodukte in den Industriestaaten Europas, den USA und Japan".[126] Westdeutsche Chemiekonzerne waren 1989 die Hauptlieferanten für kolumbianische Kokainlabors.[127] Der Bundesnachrichtendienst kritisiert, daß die Industrieländer mit dem Export der notwendigen chemischen Zusätze die Herstellung von Drogen überhaupt erst möglich machen. Auch Wichmann betont: "Ohne die Lieferungen deutscher und amerikanischer Chemiefirmen stünde so manche Kokainküche bald still."[128] Transportmittel und Verpackungsmaterial für das Endprodukt sind ebenfalls problemlos zu beziehen.

Im Endzustand sind die Drogen relativ leicht und wenig voluminös. Im Unterschied zu den getrockneten Kokablättern oder zu Rohopium sind sie beinahe geruchsneutral, unverderblich und lagerfähig.

Für den Weitertransport, vor allem über Florida, werden je nach Bestimmungsort private Transportmittel ebenso wie die internationalen Fluglinien oder der allgemeine Schiffs-Containerverkehr (Flugzeug, Schiff, LKW oder PKW) benutzt. Der Ideenreichtum der Drogenkartelle in bezug auf Transportweisen und Routen ist groß. So gelangt zum Beispiel Kokain mit kolumbianischen Blumenexporten per Luftfracht nach Europa. Kleinere Drogenmengen kommen über reguläre Linienflüge mittels Kuriere in die Bestimmungsländer - in Schuhabsätzen, Mänteln oder Koffern eingenäht - oder immer häufiger mittels Körperschmuggel: Dies bedeutet, daß die Kuriere (*mulas* ('Maultiere'[129]) oder *Body-Carriers* genannt) die Drogen im Körper, z.B. in Form von mit Kokain gefüllten, verschluckten Kondomen mit sich tragen. Für einen Lohn von 1.000-2.000 US$ tragen die Kuriere, die meist den ärmsten Bevölkerungsschichten entstammen, das Risiko der Verhaftung bei der Ankunft oder des sicheren Todes, wenn ein Päckchen reißt.[130]

Generell ist der Kokainhandel straffer und professioneller organisiert als der Schmuggel und Vertrieb von Heroin und Haschisch. "Nur selten gehen den Behörden Gelegenheitsschmuggler ins Netz, die auf eigene Rechnung arbeiten. Meist riskieren die Kleinen ihren Kopf im Auftrag der Großen."[131]

III. Keine Alternative zum Kokaanbau?

Wenn Kokain der einzige Rohstoff Lateinamerikas ist, dessen Preis in den letzten Jahren gestiegen ist, dann ist dessen Anbau und Export nach allen Regeln des freien Weltmarktes das einzig ökonomisch Sinnvolle für die Bauern der Region.

Alle Versuche die Landarbeiter und Bauern mit Ersatzprodukten vom Kokaanbau wegzubringen, sind gescheitert: "Es gibt keine marktfähigen Produkte, die der Landbevölkerung mehr einbringen können als der Kokastrauch. Es sei denn, man würde das Kokainkraut durch Mohn für die Opiumproduktion eintauschen"[132], was im übrigen längst geschähe. Nur ein bis drei Hektar mit Koka bepflanztem Land können bereits eine kleine Familie samt saisonaler Arbeitskraft ernähren.[133] 1984 bot der Markt ungefähr 50 US-Dollar für einen Zentner Kokablätter, für die gleiche Menge Reis hingegen weniger als 20 US-Dollar. Substitutionsprodukte wie Avocados bringen bestenfalls ein Fünftel der Kokaerlöse ein, andere Agrargüter noch weitaus weniger: Der Preis für 100 Orangen und Bananen lag bei knapp zwei US-Dollar.[134] Auf die agrarwirtschaftlichen Vorzüge der Kokapflanze wurde ja bereits im dritten Kapitel unter I. eingegangen. Vor allem auch die minimalen Investitionskosten machen sie für die besitzlosen Zuwanderer attraktiv. Dazu kommt, daß Koka unverderblich und deshalb leicht zu lagern und zu transportieren ist.

Der bolivianische Präsident Jaime Paz Zamora (im Amt von 1989 bis 1993) sagte in einem Interview mit Raúl González: "Ich kann nicht hingehen und einem Kokabauern sagen, er solle die Koka durch ein Produkt ersetzen, das ihm weniger Gewinn einbringt, oder gar durch ein Produkt ersetzten, von dem er noch nicht einmal weiß, wo er es verkaufen soll."[135]

Die Substitution des für die Kokaingewinnung betriebenen Kokaanbaus bleibt erfolglos, solange es für die Bauern keine wirklich konkurrenzfähigen Alternativprodukte gibt. Dauerkulturen, wie zum Beispiel Kaffee, bringen erst nach einigen Jahren Bareinkommen. Obwohl der Verkaufspreis ihres Produktes in der gleichen Zeit deutlich sank, haben die Kokapflanzer keinen Grund, sich nach landwirtschaftlichen Alternativen umzusehen. Auf der Basis im ersten Halbjahr 1989 geltende Preise brachte ein Hektar Kokaland mit 3.000 US-Dollar einen gegenüber Kaffee und Kakao vier, bzw. sechsfach höheren Jahreserlös.[136] Mit Koka läßt sich von den Bauern in Peru beinahe 40mal mehr als mit Mais verdienen, so Whynes.[137] Koka "outperforms tea (by a factor of

250:1), rubber and palmhearts (both of a factor of 4:1) in profitability terms".[138]

In der heutigen Situation handeln alle an der Drogenproduktion Beteiligten den Regeln der Marktwirtschaft entsprechend: Die Pflanzer bauen ein einfach zu kultivierendes Gewächs mit sicherem Absatz und relativ gutem Ertrag an, die Veredler, Händler und Schmuggler betreiben ein illegales, aber bei kalkulierbarem Risiko höchst einträgliches Geschäft, und die internationale Bankenwelt verschmäht ungern Milliarden von Dollars, auch wenn sie aus illegalen Geschäften stammen.

Die Resonanz auf die staatlichen Ausstiegsprogramme ist sehr schwach.[139] Die Substitutionspolitik führt manchmal gar zum Gegenteil des beabsichtigten Effekts: Die Aussicht auf Hilfsgelder zur Umstellung auf Alternativprodukte verführt die Bauern dazu, zunächst mehr Koka anzupflanzen, oder bringt sie überhaupt erst auf diese Tätigkeit.

> Viele Campesinos machten sich zunutze, daß es die Regierung sehr eilig hatte, in den Genuß der für den Dreijahresplan zugesagten Geldmittel zu gelangen, und so legten sie Kokaplantagen still, die wegen des Alters der Sträucher ohnehin nicht mehr produktiv waren. Andere, die den Kokaanbau schon früher aufgegeben hatten, gingen in die Chapare-Region zurück, nur um die 2.000,- Dollar in Empfang zu nehmen, die das PIDYS-Programm ihnen für jeden stillgelegten Hektar auszahlte.[140]

Mit den 2.000 US-Dollar aus dem PIDYS-Programm kommt eine Bauernfamilie nicht einmal ein Jahr lang über die Runden; Zitrusfrüchte als mögliche Ersatzprodukte für Koka brauchen allerdings fünf Jahre, bis sie erstmals geerntet werden können.[141]

Die Anhänger der freien Marktwirtschaft können sich auch für diese Branche ihren Standard-Spruch ins Gedächtnis rufen, daß gegen die Kräfte des Marktes nun mal kein Kraut gewachsen ist: "Die Politik des Verbots hat versagt. Sie mußte versagen, weil niemand die Gesetze des Marktes - auch nicht mit noch so harter Gewalt - außer Kraft setzen kann."[142] Die Ironie besteht darin, daß gerade die Staaten, die sich zurecht Weltwirtschaftsmächte nennen und bekanntlich für die Gültigkeit dieser weltweiten Geschäftsbedingung - die Gesetze des freien Marktes - sorgen, sich daran stören, daß der Drogenmarkt so gut beliefert wird.

"Eigentlich ist es ein Witz: Obwohl die Marktwirtschaft ihren Siegeszug durch Lateinamerika angetreten und alle Handelshindernisse niedergerissen hat, bleibt das erfolgreichste Exportgut der Region davon ausgenommen: das Kokain"[143], so P. Andreas von der nordamerikanischen Cornell-Universität.

Wenn die Gesetze des freien Marktes schon so hervorragend sein sollen, wieso sollen sich dann eigentlich ausgerechnet lateinamerikanische Bauern, die immer gezwungen wurden, für den Weltmarkt zu produzieren, Rücksicht nehmen auf die Volksgesundheit fremder Völker, deren Konsumenten ihren Geschäftsleuten Kokain abkaufen, und das sogar zu sehr interessanten Preisen?

> Die Kokapflanzer in den Anden orientieren sich an der schlechten Wirtschaftslage und am Wohlergehen ihrer Familien und denken nicht an die schlimmen Folgen des Crack-Rauchens in den Slums von New York und Miami, zumal sie ja eine legales Produkt erzeugen, das Teil ihrer traditionellen Volkskultur darstellt.[144]

Hafner und Taylan gelangen zu einer ähnlichen Einschätzung:

> ...die Coca-Bauern haben kein Interesse von ihrer Coca zu lassen. Warum auch? Daß die feinen Kokser in den USA und in Europa, weit weg in jeder Hinsicht, mit ihrem traditionellen Kraut nicht umzugehen wissen, sei nun wahrlich nicht ihr Problem, sagen sie. Sie stellen dagegen die bittere Frage, wer denn, wenn sie auf Tomaten, Apfelsinen oder Pfirsiche umgestellt hätten, diese Produkte kaufen solle - genau jene Früchte, die in Europa tonnenweise vernichtet werden, um den Preis zu halten.[145]

Dávila zitiert Don Pablo, einen Kokabauern in Bolivien:

> Coca is our child. It keeps us alive; it helps us send our youngsters to school. Though its price goes up and down, it' s still a sure income[146] ....We grow coca to survive, because it is the most profitable product. It's not our fault that someone else puts it to poor use. We've been lost and forgotten for 20 years: It took a problem that hurts someone else for people to start talking about us.[147]

IV. Ein fast ganz normales Geschäft in der „Dritten Welt“

A) Enorme Profitspannen bei geringen Arbeitskosten

Wie bei jedem legalen Geschäft mit Rohstoffen und landwirtschaftlichen Produkten aus sog. "Drittweltländern" macht bei der Produktion von Drogen eine kleine Gruppe von Geschäftsleuten Riesengewinne, und die landwirtschaftlichen und sonstigen Zuarbeiter erhalten ortsübliche Hungerlöhne.

"Für den Anbau und die Lieferung der Rohstoffe werden die Bauern und Zulieferer in den Produzentenländern", so die gängige Einschätzung der Experten, "...mit Dumpingpreisen abgespeist." Die Einkäufer der Kartelle können - nicht anders als die Emissäre von Agrarkonzernen - ihre Preise diktieren.[148]

Der Vermarktungsprozeß der Drogenpflanzen durchläuft generell verschiedene Herstellungs- und Vermarktungsstufen über den Produzenten, den Ankäufer, mehrerer Zwischenhändler bis hin zum Exporteur, Importeur und Distributeur. Mit jeder Vermarktungsstufe erhöhen sich die Gewinnspannen. So klaffen zwischen Erzeuger und Endabnehmerpreisen Spannen von mehreren 1.000%. Dabei erzielen die Bauern die geringsten und die großen Dachorganisationen, die den Transport und den Vertrieb lenken, die höchsten Profite.

Ein Bauer verkauft 500 kg Kokablätter für 500 US$, aus denen der Ankäufer des Bauern in der Regel noch im Herkunftsland des Rohstoffs 2,5 Kg Kokapaste macht. Damit ist der Wert bereits auf 750 US$ gestiegen. Die Kokapaste wird jetzt nach Kolumbien gebracht, wo die dortigen Händler bereits für die 2,5 kg Kokapaste den dreifachen Wert erhalten. Aus den 2,5 kg Rohmasse wird in kolumbianischen Kokainlabors etwa ein Kilo Kokainbase im Wert von 1.500 US$ - bzw. ein Kilo Kokain mit 90 bis 95prozentiger Reinheit im Wert von 4.000 US$ das Kilo - gemacht.[149] Hier kommt es dann zu einem ganz entscheidenden Gewinnschnitt: Die Großhandelsebene zu Anfang der 80er Jahre konnte in Miami sogar 60.000 US$ mit einem Kilo Kokain verdienen. Da seither die Notierung aufgrund des steigenden Angebots gefallen ist, lag Mitte 1989 der Großhandelspreis für den immer noch lupenreinen Stoff in den USA oder Europa nur noch bei rund 15.000 US$ je Kilo; Hafner und Taylan schreiben von 18.000 US$ per Kilo. Nun gelangt das Kokain in den Kleinhandel. Vorher wird es um die Hälfte gestreckt, der Reinheitsgehalt liegt jetzt bei 50 bis 60 Prozent. Auf der Straße kostet ein Gramm von diesem Kokainpulver ca. 200 US$.[150]

> Die Koka-Pflanze ist ein landwirtschaftliches Rohprodukt; an dem verdienen die Campesinos. Koka-Paste ist ein Halbfertigprodukt an dem verdienen die Zwi-

schenhändler, die Laborbesitzer und ihre Helfer und Handlanger. Kokain ist das Endprodukt; an dem verdienen die Großen in der Wirtschaft, im Militär und in der Politik.[151]

Auch Quiroga nimmt an, "daß der weitaus größte Teil der Gewinne bei den großen internationalen Drogenhändlern hängenbleibt."[152]

Obwohl die Landbevölkerung, die den Drogenkartellen zuarbeitet, innerhalb der langen Kette vom Anbau des Kokablattes bis zum Kokainkonsum in den USA oder in Europa diejenige ist, die sich mit dem geringsten Gewinnanteil zufrieden geben muß, lebt sie trotzdem besser als die auf legalen Plantagen, da die Drogenbarone die eine oder andere "Sozialleistung" zur Verfügung stellen, um sich ihr dienstbares Volk gewogen zu halten. Das haben Konzerne wie die *Standard Fruit Company*, *Texaco* oder *Tchibo* nicht nötig. Experten sind sich einig, daß der Erlös getrockneter Kokablätter den Bauern trotz starker Schwankungen immer ein Mehrfaches des erzielten Preises alternativer Agrarprodukte einbrachte.[153] Dietz hält zwar das Einkommen aus dem Kokaanbau für geringer, meint es übersteige aber in jedem Fall die Erlöse aus dem Verkauf anderer Agrarprodukte.[154] Die Kartelle zahlen den Bauern dreimal soviel, wie sie auf den Märkten für Bohnen, Reis oder Mais bekommen würden - "und doch machen die "Lohnkosten" für die Landarbeiter nur einen Bruchteil der Aufwendungen aus, die die Drogenbarone für die Fabrikation und den Transport der Ware aufwenden."[155] Der weitaus größte Teil der Gewinne bleibt in den zehn bis fünfzehn Familien, die das Kokageschäft kontrollieren.

B) Ruinöse Folgen für die Bevölkerungsmehrheit und die Natur der drogenproduzierenden Regionen

Auch was zahlreiche ruinöse Folgen der Kokaproduktion für die Menschen und die Natur der Region betrifft, verhält es sich ähnlich wie bei anderen legalen Geschäften mit Rohstoffen aus der "Dritten Welt". Laut Eschenbacher verschiebt sich wegen des Kokaanbaus das Anbauverhältnis Koka - Grundnahrungsmittel zu Lasten der *food crops*. In anderen Agrarbereichen mangelt es mehr und mehr an Arbeitskräften. Insbesondere die unteren städtischen Bevölkerungsschichten, die nicht am Drogengeschäft verdienen, sind immer weniger in der Lage, die verteuerten Lebensmittelpreise zu bezahlen.[156] Dazu komme die Verteuerung des Produkts, in dem Fall der Kokablätter, für die traditionellen Konsumenten.

> Die Zustände in den Boom-Regionen des bolivianischen Kokaanbaus und der Kokainverarbeitung erinnern an die menschenvernichtenden Zustände in den Goldgräberstädten des 19. Jahrhunderts. Jedesmal zur Erntezeit setzt sich ein Strom von Männern in Bewegung, um irgendeine Arbeit in den Kokaplantagen oder in den Kokainlabors zu ergattern. Sie machen alles ohne zu murren, sie akzeptieren jede Bedingung, sie arbeiten ohne Arbeitsschutz ... Von den Koksbaronen angeheuerte Pistoleros sorgen für den geordneten Ablauf der Produktion und die reibungslose Abwicklung des Handels. Zurück in den Dörfern bleiben die Frauen, es sei denn, auch sie machen sich auf in die Boom-Regionen, wo ihnen ihr Anteil an den Koka-Dollars in den Bordellen winkt .... Und natürlich sind fast alle "drauf". Sie rauchen, was sie produzieren ...[157]

Über die negativen Folgen des Kokaanbaus für die betroffenen Bevölkerung in Bolivien schreibt Amendt weiter:

> Während die Männer hinter dem "weißen Gold" her sind, erledigen die in den Dörfern verbliebenen Frauen die Arbeit auf den verwaisten Feldern .... Das Wenige, das sie den Feldern abtrotzen, um es zu vermarkten, wird von der Inflation aufgefressen .... Schmuggelgut, aus Drogendollars finanziert, gelangt über die Grenzen und auf die einheimischen Lokalmärkte Boliviens, Perus und wo sonst Narco-Dollars im Umlauf sind. Schäbige, industriell gefertigte Massenprodukte, Ramsch und Tinnef aus asiatischen Billiglohnländern erobern die Lokalmärkte ... Händler verlieren ihre Existenz, Handwerker werden arbeitslos, Kleinindustrien gehen ein.[158]

Zudem führen die ausgedehnten Kokamonokulturen in den vormals unberührten Regenwaldgebieten durch die Abholzung von Wäldern[159] und die Sterilisation von Böden und Verschmutzung von Flüssen durch die giftigen Rückstände der Kokainraffinierung[160] zu schwerwiegenden ökologischen Schäden am andino-amazonischen Ökosystem.[161]

> También se ha denunciado que para la extracción del alcaloide de la hoja de coca se está utilizando kerosene, ácido sulfúrico, cal viva, carburo, acetona y tolueno, para un total de 21.200 tm de sustancias extranas y tóxicas para el medio ambiente amazónico ....[162]

Was zählt ist das Geschäft. Die Ausbeutung bei der Produktion und ruinöse Folgen wie die Zerstörung der Natur sind da völlig gleichgültig:

> La depredacion de la naturaleza en la región andino-amazónica no es el producto del afán de lucro desmesurado y de la ignorancia o de la mala voluntad de los pobres del mundo emigrados a la selva, campesinos convertidos en cocaleros ... Esta destrucción es el resultado perverso de los actuales precios agrícolas que los países desarollados pagan a sus productores. En resumen, los subsidios

alimentarios en el primer mundo son a la vez la causa de la destrucción de los ecosistemas y del hambre en el tercer mundo.[163]

Der "chemische Krieg" der USA mittels Entlaubungsmitteln wie *Glifosat* und *Spike* zur Ausrottung der Kokapflanzen stellt allerdings die Umweltschädlichkeit der Kokainproduktion bei weitem in den Schatten. Auf ihn wird im vierten Kapitel noch eingegangen.[164]

V. Die kolumbianischen Kartelle

Geschäftstüchtige Clans, die oft im wenige Jahre zuvor florierenden Marihuanageschäft und im Smaragdschmuggel erfahren waren, haben mit den kolumbianischen Kokainkartellen "illegale Produktions- und Handelssysteme, die heute als größte kriminelle Unternehmungen aller Zeiten gelten"[165], aufgebaut und die Verbindung von Kolumbien in die USA mit einigen Zwischenstationen zur "Hauptachse des internationalen Drogengeschäfts"[166] gemacht: Während auf Kolumbien nur etwa 10% des Kokaanbaus der Andenregion entfallen, beruht die zentrale Bedeutung des Landes im internationalen Drogenhandel darauf, daß dort die aus Bolivien und Peru gelieferten Kokapaste endverarbeitet wird, und kolumbianische Kartelle den Vertrieb der Drogen in die Industrieländer kontrollieren. Kolumbien ist der größte Produzent von Kokain und kontrolliert 80% auf dem Weltmarkt. Die kolumbianischen Kartelle liefern darüber hinaus auch Marihuana (1985 22% des US-Konsums). Der tatsächliche Reingewinn aus diesen Geschäften ist ungewiß. Die Kontrolle der gewinnträchtigsten Teilbereiche des Kokaingeschäft verschafft, so die Schätzungen, den Kartellbossen jährlich Einnahmen von etwa 5 Milliarden US-Dollar (- "...die Reingewinne der kolumbianischen Drogensyndikate werden in den frühen 80er Jahren auf 6 bis 9 Mrd. US$ und in den letzten Jahren aufgrund gesunkener Kokainpreise auf etwa 4 Mrd. US$"[167] geschätzt -). Die Zwei-Millionen-Einwohner-Stadt Medellín, Hauptstadt der Provinz Antioquia und wichtigste Industriestadt Kolumbiens, und Cali, Hauptstadt der Provinz Valle del Cauca, sind die Zentren des Drogengeschäfts, das von einer Handvoll Familien beherrscht wird.

Diese kleine Gruppe von illegalen Unternehmern baut mit der Kokainhandel "Südamerikas einzigen erfolgreichen Multinationalen Konzern"[168] auf, wie der frühere Präsident Perus Alán García Perez (im Amt von 1985 bis 1990) die Kokain-Wirtschaft lakonisch bezeichnete. Die Charakterisierung als internationale Handelsagentur wäre angebrachter, weil es hier trotz des großen Umfanges des Kokaingeschäfts, das es zum größten international organisierten Geschäft der Andenregion macht, um den bornierten Export eines landwirtschaftlichen Produkts, dessen internationale Vertriebswege organisiert werden, handelt, und nicht um einen Kapital exportierenden Konzern. In anderer Hinsicht arbeiten die großen Drogensyndikate, die weltweit das Drogengeschäft dominieren, beinahe wie Multinationale Konzerne: Sie kontrollieren Anbau und Verarbeitung in den "Produzentenländern", den Transport und die Verteilung in den westlichen Industrieländern. Das Kartell von Medellín besitzt offenbar sogar eine eigene Fabrikation von Plastiktüten für die Verpackung der Drogen.[169] Sie verfügen über "Chemieingenieure, die die Verarbeitung des Kokains überwachen und verbessern; Finanziers, die sich der "Dollarwäsche" annehmen; Betriebswirte, die die legalen Unternehmen der Drogenhändler leiten; Rechtsanwälte, die den dringend benötigten juristischen Beistand leisten... Auf der untersten Stufe des Unternehmens befinden sich die in Kolumbien mitunter voll Verachtung "Hundewäscher" genannten Helfershelfer, die oft nicht einmal wissen, für wen sie genau arbeiten: Sie überwachen Laboratorien und Grundstücke, arbeiten als Drogenkuriere, sind Chauffeure oder Bootsführer oder helfen beim Ein- und Ausladens des Kokains."[170]

Das Kartell von Medellín, das mächtigste Drogensyndikat, ist ein lockerer Zusammenschluß von Untergrundfirmen, der sich selbst *la companía* ('die Firma'[171]) nennt. Es hatte in den 70er Jahren ganz klein mit ganz einfachen Schmuggelmethoden begonnen. Die Boomjahre begannen in den 80er Jahren und erreichten ihren Höhepunkt 1982 und 1983.[172] Mit dem in den *llanos* an den Ufern des Rio Yari tief im Dschungel versteckten Kokainlabor "Tranquilandia" ging Mitte 1983 das nach allgemeinen Schätzungen die größte Industrieanlage zur Herstellung von Kokain in der Geschichte in Betrieb. Es hatte vierzehn unabhängige, vollständig ausgestattete Laboratorien, Wasser und Elektrizität, Straßen und Schlafsäle, und einen eigenen Flughafen. Monatlich betrug die Produktion 3.500 kg puren Kokains.

Von sich aus hat die ortsansässige Regierung gar keinen Grund, die sogenannten "Drogenbarone" zu kriminalisieren. Schließlich handelt es sich bei den führenden Drogenhändlern um erfolgreiche Geschäftsleute, um eine wichtige Fraktion ihrer "besseren Gesellschaft". Dementsprechend war die Situation der Drogenbarone, bis ca. 1983 unter dem Druck der USA Kolumbien auf den Drogenkrieg verpflichtet wurde. Kokainhändler sind zunächst keine Gruppe am Rande der Gesellschaft und machen keinen Hehl aus ihrer Teilnahme am gewinnträchtigen Handel. Die Großen der Kartelle in Kolumbien, wie Pablo Emilio Escobar, Jorge Luis Ochoa, José Gonzalo Rodríguez und Carlos Lehder Rivas - leben ruhig in Freiheit und Luxus und werden als erfolgreiche Unternehmer und Industriekapitäne angesehen. Die unweit der Provinzhauptstadt Armenia gelegene riesige Ferienanlage La Posada Alemana, in die die *"companía"* etwa 3 Millionen US$ investiert hatte, wird zum Beispiel 1982 mit einer rauschenden Party eröffnet, zu der Vertreter der Provinzregierung, lokale Politiker, Kirchenführer, Militärs und Journalisten kamen. Während die *peces gordos* ('großen Fische'[173]) des Kartells von Cali "unbescholtene Bürger" und Teil der alten Oligarchie sind und für diskretes Vorgehen hinter den Kulissen stehen, stellen die Großen des Kartells von Medellín ihren Reichtum direkt zur Schau. Diese *emergentes* ('aufstrebende Klasse'[174]), meist ehemalige Kleinkriminelle, die der urbanen Unterschicht entstammen, werden oft von der traditioneller Elite als protzige Neureiche belächelt. Escobar, der zweitwichtigste Kartellist von Medellín, der seine Karriere als Grabsteinräuber und Autodieb begann, wird als der reichste Kriminelle der Welt betrachtet. 1983 werden seine Reichtümer auf zwei Milliarden US$ geschätzt. Er besitzt eine Flugzeugflotte, 7.000 Hektar Land, zahlreiche Häuser, darunter seine großen Hazienda Napolés, die, kaum eine Autostunde von Medellín entfernt, einen Zoo, eine Stierkampfarena und einen Privatflugplatz umfaßt. Der Luxus der führenden Drogenhändler der Kartelle, *narcos* genannt, unterscheidet sich nicht von dem z.B. der Kaffeeplantagenbesitzer.

Die *narcos* wollen die Aufnahme in die *ruling class,* und nicht deren Sturz. Sie selbst bezeichnen sich als jene, "who have brought progress and jobs to Colombia".[175] Oft sind sie Bewunderer der USA. Lehder gründet eine Zeitung und eine eigene rechtsradikale politische Partei, das *Movimiento Nacional Latino.* Auch Escobar gründet seine eigene Zeitung und wird 1982 in Medellín zum stellvertretenden Kongreßabgeordneten in Bogotá gewählt. Damit erwirbt er das Recht, an Parlamentssitzungen teilzunehmen. Das Kartell hat somit seine eigene politische Partei, zwei Zeitungen, einen Kongreßabgeordneten und wichtige Verbindungen mit Politikern und Geschäftsleuten in Kolumbien, den USA und anderswo. Vor allem auch zu Politikern der beiden großen Parteien Kolumbiens gibt es deutliche Verbindungen. Beide großen Parteien, die Liberale und die Konservative Partei, haben Spenden von der Kokainmafia angenommen. Ein Drittel der Politiker der Liberalen Partei (die regierende Partei zur Zeit der Bush-Administration) sollen bestochen, und etwa 10% aller Kongreßmitglieder in Geschäfte mit der Drogenmafia verwickelt sein, so kolumbianische Experten. Weitere 10% sollen Zuwendungen von den Drogenbossen erhalten haben. Auch an die katholische Kirche in Kolumbien sind große Spenden der Drogenbosse gegangen.[176]

Von den Gewinnen aus dem Drogengeschäft fließt ein beträchtlicher Teil in die restliche kolumbianische Ökonomie, die den Drogendollars wesentlich bessere Anlagemöglichkeiten bietet, als die bolivianische und die peruanische. In Anbetracht des staatlichen Devisenmangels bei gleichzeitig riesigen Dollarmengen aus den Drogengeschäften auf dem schwarzen Markt, hatte sich die kolumbianische Regierung schon 1975 zur Eröffnung eines zusätzlichen Schalters durch die kolumbianische Nationalbank, dem sogenannten "schrägen Fenster", im Keller ihres Gebäudes in Bogotá entschlossen. Dort kann jedermann - also auch ein Drogenhändler - seine US-Dollars in kolumbianische *pesos* wechseln, ohne nach dem Ursprung der Gelder befragt zu werden. (1980 waren es bereits mehr als 500 Millionen US$). War das "schräge Fenster" auf Druck der USA auch immer wieder eine Zeitlang geschlossen, so wird dort bis heute jährlich etwa eine Milliarde US$ aus dem Drogenhandel gewechselt.[177] Die im regionalen Vergleich "gute Konjunktur", welche Kolumbien von Wirtschaftsexperten attestiert wird, ist dabei schon das Ergebnis der hier seit einer Dekade bestehenden "Narco"-Aktivitäten und ihres stetigen illegalen Geldzuflusses, der es einer legalen Geschäftswelt ermöglicht hat, sich darüber zu bereichern.

> Kolumbien weist im Unterschied zu den meisten lateinamerikanischen Ländern ein konstantes Wachstum des BIP auf und erreichten sogar 1987 ein Wachstum von 5,6%, obwohl in diesem Jahr die Weltmarktpreise für Kaffee um 43% sanken. Die gesamten Ausfuhren lagen in den letzten Jahren bei rund 5,3 Mrd. US$ pro Jahr und bescherten dem Land einen regelmäßig hohen Handelsbilanzüberschuß, zum Beispiel 1987 von 1,5 Mrd. US$.[178]

Das Drogengeld, so die Meinung zahlreicher Wirtschaftsexperten, fungiere als "Konjunkturlokomotive"[179].

Die Drogenhändler investieren ihre Gewinne, soweit diese in Kolumbien bleiben bzw. dorthin transferiert werden, in erster Linie in Ländereien und Immobilien, aber auch in Viehzucht, Handel, Wohnungsbau und den Tourismus (Reisebüros und Hotels).[180] Für den kolumbianische Senator Iván Marulanda, einen Geschäftsmann, der die Region von Medellín vertritt, sind die *narcos* "Colombias largest capitalists, the largest landowners"[181]. Sie besitzen 20% der besten Böden des Landes. Agrarexperten erkennen neidlos an, daß die Agrarwirtschaft, besonders die Viehzucht, "in vielen Regionen durch die neuen Gutsbesitzer einen neuen Aufschwung genommen habe. Rinderherden von 200.000 Stück sind im Besitz der Drogenbarone."[182]

Die kolumbianischen Drogenhändler investieren, so Collett, mehr als andere lateinamerikanische Eliten in der nationalen Ökonomie.[183]

> Investitionsmittel aus Drogenquellen bescherten Medellín und Cali einen Wirtschafts- und Bauboom, flossen ferner aber auch Fußballteams und anderen popu-

lären Sportclubs und wohltätigen Zwecken zu, was den Kartellchefs eine gewisse örtliche Popularität einbrachte.[184]

Die *narcos* wollen nicht nur Bankkonten in der Schweiz, sondern auch eine Infrastruktur für ihr Geschäft und sozialen Status in Kolumbien. Sie finanzieren sich Rückzugsgebiete und halten sich ihre Zuarbeiter durch die eine oder andere Spende gewogen: Escobar - "Don Pablo" für die Slumbewohner von Medellín - läßt gelegentlich ein Stadtviertel für ein paar hundert arme Familien bauen oder elektrifizieren. Eines dieser Viertel ist seither nach ihm benannt. Für die Finanzierung von Sozialwohnungen in den Slums, Sportplätzen, Schulen, und andere Infrastruktureinrichtungen wird er "Robin Hood Paisa" genannt. Das Kartell von Cali wiederum unterstützt den Verkauf erschwinglicher Medikamente. Selbstverständlich machen die Unkosten für Aktionen dieser Art nur soviel aus, wie die Drogenbosse in einer Minute umsetzen. Es handelt sich hierbei um Abfallprodukte des rein geschäftlichen Gebarens, um einen Paternalismus, wie er auch von der traditionellen Oligarchie gepflegt wird, wenngleich auch in geringerem Ausmaß.

Trotz dieser Spenden und Investitionen für die Infrastruktur ihres Geschäft in Kolumbien wissen die Drogenbarone, wo das Gros ihrer Gewinne am besten angelegt ist: im Ausland.

> Todos los indicios sugieren que buena parte de estos ingresos se quedan en el exterior, invertidos en despósitos a término y en cuentas corrientes de bancos en Estados Unidos, Panamá, Bahamas, Suiza o HongKong. Otra parte se convierte en finca raíz en Estados Unidos y algunos países latinoamericanos.[185]

Genau herauszufinden, wieviel aus dem Drogenhandel tatsächlich in den "Produzentenländern" verbleibt und wieviel ins Ausland abfließt, ist ein schwieriges Unterfangen.

> En cuanto al valor agregado pagado por los usuarios finales de drogas, se distribuye así: un 5% para los países productores, con un 1% para los campesinos y un 4% para los procesadores locales, un 20% para los contrabandistas internacionales - los carteles de la droga - y un 75% para las redes de distribución y expenio en los países consumidores.[186]

Romero de Campero schätzt für Bolivien, daß 80 % der bolivianischen Einnahmen aus dem Kokaanbau bleiben im Land, aber 90 % aus dem Verkauf der Base und des Kokains aber ins Ausland gehen.[187]

Das Aufkommen einer "Narco-Bourgeoisie" ist keine Besonderheit Kolumbiens. Auch in Bolivien ist - im Unterschied zu Peru - eine neureiche Narco-Bourgeoisie im Entstehen. Hier gibt es ein Pendant zum kolumbianische Drogenbaron Pablo Escobar Gaviria: Roberto Suárez Gómez. Anfangs war Suarez eine ernstzunehmende Konkurrenz für die Medellín-Drogenbosse, und wie Escobar versah er sich durch Spenden an die Armen mit einem Volksheldimage.[188]

VI. Ein Feind der *narcos* und eine Störung für ihr Geschäft: die kolumbianische Guerilla

Der Status der Andenstaaten als abhängige Agrar- und Rohstofflieferanten bedeutet für die Bevölkerungsmehrheiten dieser Länder den gewaltsamen Entzug und Ausverkauf ihrer Subsistenzmöglichkeiten, ohne daß der Staat ihnen im Gegenzug auch nur eine einzige entscheidende Bedingung ihres materiellen Lebens sichern würde. Die Vermarktung des Landes setzt regelmäßig mehr Menschen von ihren Reproduktionsbedingungen frei, als in den entsprechenden Projekten Arbeit finden, erzeugt also neben einem überreichlichen Reservoir an billigen Arbeitskräften ein zunehmendes Heer absoluter Paupers. Die paar lohnend zu betreibenden Fabriken, Minen und Farmen, die der Bevölkerung den überlebensnotwendigen Raum wegnehmen, haben nur für einen Bruchteil der verdrängten Menschen einen Arbeitsplatz - und der sieht entsprechend trist aus.

Der Umgang der politischen Herrschaft mit Untertanen, welche ihr entweder gleichgültig sind oder von ihr gar prinzipiell als Störung und ökonomische Last wahrgenommen werden, gestaltet sich brutal: Sowohl zum Konkurrenzkampf um die Macht innerhalb der Fraktionen der herrschenden Elite als auch zur Stabilisierung ihrer Herrschaft gehört der extensive Gebrauch von Gewalt. Mit den "störenden Elementen" des Volkes wird ständig nach den Regeln des Bürgerkriegs verfahren, und dem Kampf gegen den "Feind im Innern" fallen in den Andenstaaten Tausende von mehr oder weniger aufständischen Zivilisten zum Opfer: In den 80er Jahren wurden in Kolumbien aus politischen Gründen an die 12.000 Menschen, vorwiegend regime- und systemkritische Personen, von Todesschwadronen mit Unterstützung der Armee und der Sicherheitsdienste ermordet, an die 2.500 entführt.[189] Die Situation hat sich seit 1987 noch verschärft: Seither wird mit dem § 121 regiert, der "im Falle innerer Unruhen", den Präsidenten ermächtigt, die ganze Republik unter Ausnahmezustand zu stellen.[190]

Die Drogenbarone in Kolumbien haben sich mit hohen Militärs und Großgrundbesitzern verbündet und sich in den gemeinsamen Kampf der rechten Kräfte gegen die linke Opposition und die Guerilla eingereiht. Hunderte politisch motivierte Morde und Massaker seit Beginn der 80er Jahre werden paramilitärischen Organisationen, die von Drogenhändler finanziert und angeführt werden, zugeordnet. Experten sprechen von einer "narco/military convergence", die der gegenwärtigen Oppositionsbekämpfung ('*guerra sucia*'[191]) in Kolumbien zugrundeliege. Die US-Nachfrage nach Kokain habe ein neues gewalttätiges Subjekt auf der Bühne lateinamerikanischer Politik erscheinen lassen: die "narco New Right"[192].

Aus den gleichen Gründen warum die linken Kräfte in Kolumbien (die vier Guerilla-Bewegungen, sowie Gewerkschafter und andere Linke...) beim legalen Geschäft (z.B. Agrarkonzernen und Plantagenbesitzern) nicht beliebt sind, sind sie es auch nicht beim illegalen Geschäft - speziell der Drogenmafia. Es gibt eben einen praktischen Interessensgegensatz zwischen Großgrundbesitzern und Bauern, die ihr Überleben organisieren: Topdrogenhändler sind erfolgreiche Kapitalisten und Großgrundbesitzer - die kolumbianischen Aufständischen wollen die bestehende politische und ökonomische Ordnung stürzen.

Die feindselige Haltung der kolumbianischen Drogenbosse gegenüber der Guerilla hat ihren Grund zuerst einmal darin, daß diese ihnen in den Drogenanbaugebieten sowohl als Steuereintreiber, als auch als Aufwiegler in die Quere kommt. Die FARC (*Fuerzas Armadas Revolucionarias de Colombia*), die älteste und größte Bauernguerilla in Kolumbien, finanziert sich traditionell durch die Besteuerung von Feldfrüchten, die in von ihr verwalteten Gebieten wachsen - so auch von Koka. Entweder sie kontrolliert Anbau und Kokapastenproduktion - die unterste Ebene der Drogenökonomie - selbst, oder sie hebt von den Kartellmittelsmänner eine 10% bis 20% Transitgebühr für Drogentransporte durch von ihr kontrollierte Territorien ein. Dazu kommt das Eintreiben von Schutzgeldern für die Abwehr von Polizei und Regierungstruppen.

Über das Verhältnis Guerilla/Drogenhändler sagt der Historiker Alvaro Delgado, ein Mitglied des Zentralkomitees der Kommunistischen Partei: "It's a contract arrived at under the threat of force."[193] Die Händler dulden die Aufständischen nicht aus freiem Entschluß, sondern weil sie die wesentlichen Kokaanbaugebiete okkupieren. Diese Gebiete liegen meist in peripheren, kaum erschlossenen Regionen, die von ethnischen Minderheiten bewohnt werden.[194]

Die FARC als Bewegung zur bäuerlichen Selbstverteidigung entstand in den späten 40er Jahren aus der Vereinigung kolumbianischen Bauernrebellen mit der kommunistischen Partei des Landes. Von der Armee besiegt, versuchten die FARC-*guerilleros* der staatlichen Gewalt zu entkommen, indem sie sich in die spärlich besiedelten Gebiete des Landes zurückzogen, vor allem in den Amazonasdschungel Kolumbiens und an die Flußufer der östlichen Ebenen, der *llanos orientales*. Hier schufen sie von ihnen so bezeichnete "befreite Gebiete" und wurden zu bewaffneten Pionierbauern. Zu ihnen gesellte sich ein ständiger Strom von Siedlern auf der Suche nach Land.

Die Kokainnachfrage in den USA machte nicht nur die Kokablätter in Bolivien und Peru, sondern auch die Kokakulturen Kolumbiens minderer Qualität zu einer in hohem Maße profitablen Feldfrucht, und ließ den Siedlerstrom in die östlichen Ebenen in den 70er Jahren anwachsen.[195] Die "Narco-Unternehmer" aus Medellín und Cali, welche den Handel organisierten, verkauften den Kleinbauern Kokasamen und Chemikalien für den Verarbeitungsprozeß und kauften von ihnen die Kokapaste. In anderen Fällen heuerten sie Tagelöhner an, um den Dschungel zu roden und Koka auf ihren Plantagen zu sähen. Wie auch immer das Arrangement war, versuchten die Drogenhändler die Preise für die Kokapaste und die Tageslöhne niedrig zu halten. Die FARC, der es unter den gegebenen politischen und ökonomischen Verhältnissen sowenig an Zulauf fehlt wie zu den Zeiten des Ost-West-Gegensatzes und deren 10.000 Männer und Frauen unter Waffen sich zumindest zu einem Drittel in Regionen befinden, die mittlerweile Kokaanbauregionen sind, entdeckte in den vom Geschäft der Drogenkartelle abhängigen landwirtschaftlichen Zuarbeiter eine politische Basis. Sie wurde zur bewaffneten Gewerkschaft für Kolumbiens Kokabauern, legt die Löhne für Tagelöhner auf Kokaplantagen fest und versucht Mindestpreise für die Kokapaste durchzusetzen.

Aber die FARC "beschützt", so ihre Darstellung, keine Kokainlaboratorien, wie der frühere US-Botschafter in Kolumbien, Lewis Tambs, ein enger Vertrauter des "ultra-rechten" North Carolina Senator Jesse Helms (mittlerweile Vorsitzender des Senatsausschusses für auswärtige Angelegenheiten), nach dem Angriff auf das Kokainlaboratorium Tranquilandia anklagte, und wie es das *State Department* in seinem Bericht vom März 1988 über den weltweiten Drogenhandel wiederholte: Die gelegentlich in FARC-Territorien von der Drogenpolizei angegriffenen primitiven Labors, dienen den Bauern zur Produktion von Kokapaste und nicht den Drogenhändler zur Herstellung des Kokains.[196]

Es gibt einen weiteren wesentlichen Reibungspunkt zwischen Drogenbossen und Guerilla: Mitte der 80er Jahre begannen die *narcos*, aus strategischen Überlegungen und um sich soziale Legitimation verschaffen, mit umfangreichen Landkäufen in 300 der insgesamt 1.020 kolumbianischen Gemeinden, vor allem in der zentralkolumbianischen Region des Magdalena Medio.[197]

> Während die alten Eigentümer ihre Haciendas wegen der starken regionalen Guerillapräsenz zumeist unter Wert veräußerten, waren die neuen Herren nicht bereit, die von den Aufständischen traditionell erhobenen Abgaben zu entrichten. Deshalb rekrutierten sie große paramilitärische Schutztruppen, die ihre Aktivitäten bald auf die Verfolgung von Arbeitern und Bauernvertretern sowie Mitgliedern linker Parteien ausdehnten und neben gezielten Mordtaten auch eine Reihe von Massakern begingen.[198]

Die Drogenbarone als neue und alte Großgrundbesitzer fanden sich hier in einer neuen Interessensgemeinschaft mit den traditionellen wirtschaftspolitischen Eliten Kolumbiens vereint.

Zu einem ersten Höhepunkt des Kampfes des Medellín-Kartells gegen die vier wichtigen kolumbianischen Guerillagruppen und andere linksgerichtete politische Kräfte war es bereits im Jahr 1981 gekommen: Drei Mitglieder der kubanisch ausgerichteten M-19-Guerilla (*Movimiento 19 de abril*), einer in den 70er Jahren aus Universitätskreisen entstandenen, ca. 2.000 Personen starken Stadtguerilla, hatten die Tochter von Fabio Ochoa Restrepo, dem Patriarchen von Kolumbiens Kokainfamilie Nr.1 entführt und 12 Millionen $ Lösegeld verlangt. Die *narcos* holten daraufhin zum Gegenschlag aus und rekrutierten eine paramilitärische Todesschwadron, genannt MAS (*Muerte a Secuestradores* - 'Tod den Kidnappern'). MAS-Einheiten nahmen sofort ein Dutzend M-19-Guerillas gefangen und Ochoas Tochter wurde unverletzt freigelassen. Die MAS weitete dann ihren Kampf gegen die M-19 in Medellín auf Linke im ganzen Land aus.[199] MAS-Todesschwadronen, in die Mitglieder des Armeenachrichtendienstes integriert waren, erschossen nicht nur M-19-Führer wie Toledo Plata, sondern auch Bauern-, Studenten- und Gewerkschaftsführer, fortschrittliche Universitätsprofessoren und Rechtsanwälte, die politische Gefangene verteidigten.[200]

Die Großgrundbesitzer, das Militär und die MAS bildeten ein "triangle of terror", so der chilenische Soziologe Ibán de Rementería, der die *violencia* ('Gewalt, Gewalttätigkeit'[201]) in der Region des Mittleren Magdalena untersuchte.[202] Alvaro Hernán Velandia, Chef des geheimen *Intelligence and Counter Intelligence Battalion* der Armee und Experte in der Aufstandsbekämpfung, spielte hier als einer der "*masterminds*" des Krieges gegen die linke Opposition eine zentrale Rolle. Im Februar 1983 belastete der Anwalt General Jiménez Gómez 59 hochrangige Militärs im Dienst, in die MAS involviert zu sein, darunter General Velandia. Diese "three way alliance" hat sich auf ganz Kolumbien ausgeweitet, so der Historiker Alfredo Molano: Wenn Oppositionelle umgebracht werden, "the (drug) mafia supplies the money (to hire gunmen), the military the arms, and members of the local elites an air of legitimacy".[203]

Zu den Opfern dieser rechtsradikalen Todesschwadronen - mit oder ohne Narco-Unterstützung - zählt vor allem auch die "unbewaffnete Flanke" der FARC, die Partei der "Patriotischen Union". Sie entstand 1984 aus dem Friedensvertrag zwischen der Regierung und den vier aktiven Guerillabewegungen in Kolumbien. Die kolumbianische Regierung bezweckte mit dem Friedensvertrag die Integration der Guerilla in die legale Opposition unter der Bedingung gleichzeitiger Aufgabe der Zwecke, wegen derer sich die Aufständischen zusammengeschlossen hatten: Umwälzung des Staates und der Ökonomie des Landes. Die im bewaffneten Widerstand verbliebenen Guerillafraktionen sollten in der Folge mittels Militär zerschlagen werden. Seit ihrem Bestehen hat die "*Union Patriotica*" über 1.000 Aktivisten durch Mordanschläge verloren, darunter zwei Präsidentschaftskandidaten, vier Parlamentsabgeordnete, U.P.-Chef Pardo, sowie den Bürgermeister der regionalen Hauptstadt von San José von Guaviare. Keiner dieser Morde wurde gerichtlich verfolgt.[204]

VIERTES KAPITEL: DROGENGESCHÄFT UND DROGENKONSUM - EIN PROBLEM FÜR DIE STAATSMACHT IN DEN ANDEN?

I. Das Drogengeschäft - „tragende Säule“[205] und „unverzichtbare Stütze“[206] der Nationalökonomien von Peru, Bolivien und Kolumbien

Die Staatsmänner vor Ort haben von sich aus gar kein besonderes Interesse, das Drogengeschäft zu behindern und zu kriminalisieren, handelt es sich doch um eine wichtige Fraktion der "besseren Gesellschaft" innerhalb der Andenstaaten, einen blühenden Zweig der Nationalökonomie und die einzige florierenden Deviseneinkommensquelle ihres Staates.

> ... la ilegalidad de esta burguesía emergente no depende tanto de una definición interna del régimen jurídico colombiano sino de una definición del Derecho Internacional, y más claramente, de una normatividad internacional hegemonizada por los Estados Unidos.[207]

MacDonald unterstreicht:

> It is difficult for many nations, hard-pressed by debt repayment obligations to divert their scarce funds to combat powerful drug merchants who are sometimes militarily better equipped than government forces, who provide employment for thousands, and who bring in, albeit illegally, badly needed foreign exchange. [208]

Ob Koka als "Gold und Silber" sowie "unverzichtbarer Faktor der peruanischen Zahlungsbilanz"[209] bezeichnet wird, ein bolivianischer Regierungsbeamter den Verzicht auf Kokadollars als "nationalen Selbstmord" einschätzt oder ein pakistanischer Reporter Drogen als "our mineral wealth"[210] anpreist: sowohl von offizieller Seite aus den Andenstaaten als auch von internationalen Experten und Journalisten wird das Ausmaß und die ökonomische Bedeutung des Drogengeschäft für die Anbaustaaten Peru, Bolivien und Kolumbien immer wieder zur Sprache gebracht. Das sollen die folgenden Seiten verdeutlichen.

Ein Interview des bolivianischen Präsidenten Jaime Paz Zamora (im Amt von 1989 bis 1993) ist in diesem Zusammenhang sehr aufschlußreich:

> ... daß die Koka-Wirtschaft jährlich an die 1,5 Milliarden US-Dollar in Umlauf bringt, von denen 600 Millionen in Bolivien bleiben; der Rest geht ins Ausland, an die ausländischen Banken. Verstehen sie, was das für unsere Außenhandelsbilanz, für unsere Exporte, für unsere Arbeitsplätze bedeutet? ... Sehr viel! Unsere legalen Exporte belaufen sich auf 650 Millionen US-Dollar .... Und doch sind wir zu einer Bekämpfung des Drogenhandels ... bereit.[211]

Ein Vertreter des *Centro de Información para el Desarollo* äußert sich in diese Richtung in der *Presencia* vom 3.1.1988: "It would appear, that Bolivia must choose between making a living from an illegal economy or dying with honor".[212]

Eschenbacher kommt zu einer ähnlichen Einschätzung: "Der Rückfluß der Drogendollars stellt für den Staat einen dringend benötigten Devisenzustrom dar, da aufgrund sinkender Weltmarktpreise für bolivianische Exportgüter chronische Devisenknappheit herrscht."[213]

Sogar in hoch offiziellen Papieren - hier in der Erklärung von Cartagena - ist mittlerweile anerkannt:

> Die Gewinne aus dem Anbau und dem Handel mit der Koka und der Export illegaler Drogen haben jedoch in einigen Ländern zu Deviseneinnahmen, zur Schaffung von Arbeitsplätzen und zu Einkommensverbesserungen beigetragen. Eine Unterdrückung des Anbaus und des Handels mit der Koka verursacht soziale und wirtschaftliche Kosten, die kurz- und langfristig jedes der Andenländer in verschiedenem Umfang treffen.[214]

Auch im Abkommen zwischen Peru und den USA ist zu lesen:

> La producción de la coca es una fuente importante de ingresos y empleo para amplios segmentos de la población.[215] .... En algunas de las Partes, las ganancias de la producción y el comercio de la coca y del tráfico de drogas ilícitas contribuyen, en diferente medida, a la entrada de devisas y a la generación de empleos y de ingresos.[216]

Eschenbacher weist darauf hin, daß Kolumbiens BIP im Unterschied zu den meisten lateinamerikanischen Ländern ein konstantes Wachstum aufweist:

> Die Kokadollars waren eine kräftige Unterstützung bei der Durchführung des vom Internationalen Währungsfond verordneten Plans der Strukturanpassung, der wegen seiner Ergebnisse auf den Gebieten der Währungsstabilität, der Verringerung des Staatsdefizits und der Neuaushandlung der Staatsverschuldung internationale Anerkennung gefunden hat .... Förderung des Devisenstroms und Verbesserung der Zahlungsbilanz; Auslösung von direkten und indirekten Beschäftigungs- und Einkommensmöglichkeiten; Erzeugung von Linkage-Effekten durch Drogeninvestitionen; Entstehung gewisser "Entwicklungspole".[217]

Auch in der *Financial Times* (1988) wird die Bedeutung des Drogenhandels für die Andenökonomie betont:

The cocaine business has provided a cushion of employment and vital foreign exchange during the past five years oft debt crisis, most notably in Bolivia and Peru, while Ardila (1990) estimates that 1.5 million individuals are directly employed by the cocaine industry in the three producing economies .... It must also be borne in mind that many sectors of the legitimate economy benefit from the recirculation of drug revenues.[218]

Ohne die Erlöse aus dem Drogenexport hätten nicht wenige "Produzentenländer" längst den Bankrott anmelden müssen, so Wichmann.[219] Kalmanovitz, einer der renommiertesten Wirtschaftswissenschaftler Kolumbiens und Dekan der Wirtschaftswissenschaftlichen Fakultät der Universidad Nacional in Bogotá schreibt:

Ein Szenario, in dem die Deviseneinnahmen aus dem Kokain- und Marihuanahandel sich auf Null reduzieren und die illegalen Investitionen und der illegale Anbau vollkommen ausgeschaltet würden, hätte zu berücksichtigen, daß mehr als 30 Prozent der Importkapazitäten [des Landes] zunichte gemacht würden ...[220]

Es gibt allerdings auch Autoren und Politiker aus den Anden nach deren Einschätzung Kolumbien ökonomisch vor allem Nachteile aus der Kokainwirtschaft erwachsen:[221]

El narcotráfico no es un verdadero factor de dinamismo para nuestra economía, como no lo es para la economía de la ciudad de Washington o de los Estados Unidos.[222]

Die Gelder aus dem Drogenhandel würden nicht in den Anden angelegt, und wenn, in Grundstücke und Prestigeobjekte der *narcos*. Weiters schädige der Drogenhandel das Investitionsklima, was ausländisches Kapital anlangt. Dem wird entgegengehalten, daß es sich hier nicht um negative Auswirkungen der Kokainwirtschaft, sondern um Folgen der Drogenbekämpfung handelt.

Wenn "in Lateinamerika, dessen Volkswirtschaften von chronischen Krisen geschüttelt werden,...die Drogenindustrie seit den siebziger Jahren die einzig wirklich florierende Wachstumsindustrie"[223] ist, dann sind Drogenproduktion und -export - allen Regeln des freien Weltmarktes entsprechend - das einzig ökonomisch Angebrachte für diese Staaten.

Wenn die Gesetze des freien Marktes schon so ausgezeichnet sein sollen, wieso sollen sich dann eigentlich kolumbianische Wirtschaftspolitiker nicht auf den Standpunkt stellen, daß gegen die Marktkräfte in Harlem und im Frankfurter Bahnhofsviertel nichts zu machen ist? Südamerikanische Politiker befinden sich doch in bester Gesellschaft, wenn sie keine Rücksicht nehmen auf die Volksgesundheit fremder Völker und weit und breit kein Problem entdecken können, wenn Staatsbürger in den USA und Westeuropa in so großer Zahl drogensüchtig sind. Präsident Bush beunruhigt sich ja auch nicht allzusehr, wenn in Südamerika die Kaffeebauern verhungern.[224]

II. Der Drogenkonsum in den „Produzentenländern“ - kein Problem für die Staatsmänner Lateinamerikas

Die Staatsmänner der Andenländer sehen im Drogenkonsum nicht in der gleichen Weise ein Problem für ihre Gesellschaft wie die USA oder die westeuropäischen Staaten. Das Kauen von Kokablättern zum Beispiel wird, ganz im Gegenteil, in Staaten wie Peru und Bolivien als Mittel geschätzt, das den Massen ermöglicht, sich in ihren tristen Lebensverhältnissen besser einzurichten. Die Haltung des Präsidenten Jaime Paz Zamora (-"Die Kokapflanze ist gut, aber Kokain ist schlecht"[225]-) entspricht der gängigen Einschätzung des Kokakonsums durch die Politiker in der Region. Der bolivianische Mandatar vor der UNO-Vollversammlung (IX-92) präsentiert die offizielle Sicht folgendermaßen:

> Koka und Kokain sollten nicht verwechselt werden. Das Kokablatt ist gut und bringt eine Jahrtausende alte, in den Anden gewachsene kulturelle Tradition zum Ausdruck. Das Kokain hingegen ist unserer Kultur fremd, ausländischen Ursprungs und von dort zu uns gekommen.[226]

Immer wieder wird betont, daß es falsch sei, Koka und Kokain zu verwechseln. (Das aus Kokablättern gewonnene Alkaloid Kokain ist 80 Mal stärker als das beim Kauen der Kokablätter freiwerdende Alkaloid Ecgonin.) "Letzteres [Kokain] muß bekämpft werden, die erste [Koka] jedoch ist integraler Bestandteil der Andenkulturen und muß als solcher respektiert werden!"[227]

Den größten Teil der Kokakauer, der sog. *coqueros*, stellen die in Peru und Bolivien, weniger zahlreich in Ecuador, Kolumbien und Chile lebenden Angehörigen der Quechua und Aymara-Sprachgruppe dar. Ihre Zahl wird für ganz Lateinamerika heute auf 8-15 Millionen geschätzt. Während in Peru 3 Millionen *indígenas* je 40g Kokablätter pro Tag konsumieren, sind in Bolivien sogar 90% der Bevölkerung *coqueros*.

Das Kauen von Kokablättern, ein als *acullico* bezeichneter Brauch, besteht darin, Kokablätter zusammen mit einem Reagenzkalk oder Pflanzenasche zu einer Kugel zu formen (*acullio*) und über Stunden zu kauen. Hierbei lösen sich die einzelnen Wirkstoffe langsam auf und werden vom Organismus aufgenommen. Daneben existieren andere Konsumformen wie schnupfen oder essen (*indígenas* im Amazonas-Tiefland). Nach einer Untersuchung der Vereinten Nationen arbeitet ein *coquero* einen Tag in der Woche nur für seinen Kokabedarf, andere Quellen schätzen, daß ein Viertel des Lohnes für Kokablätter ausgegeben werden.[228]

In der westlich geprägten städtischen Kultur der Andenländer ist das Kokakauen als "indianisch" verpönt. Für die *indígenas* hingegen gehört das Verteilen und das gemeinsame Kauen der Kokablätter zum Beginn einer Dorfversammlung oder eines gemeinsamen Arbeitseinsatzes, zu Festen und anderen gesellschaftlichen Anlässen. Das dargebotene Beutelchen mit getrockneten Blättern ist häufig der Auftakt zur Gastfreundschaft - wie bei abendländisch geprägten Kulturen der Begrüßungsschluck. Auch bei den tagelangen Totenwachen findet die Koka als Wachhalte- und Beruhigungsmittel sowie als eine Art "Antidepressivum" Verwendung.[229]

Die Kokapflanze verfügt über eine Reihe wichtiger Nährstoffe, die den Andenbewohnern ohne Koka fehlen würden:

> Jüngste Analysen beweisen die schon 1975 von der Harvard Universität aufgestellte Behauptung, daß die Cocablätter die Andenbewohner mit zahlreichen Vitaminen und Mineralstoffen versorgen und so ein Ersatz für das in diesen Höhen fehlende Obst und Gemüse sind. Die Wissenschaftler stellen fest, daß 100 g gekaute Cocablätter den Tagesbedarf an Kalzium, Eisen, Phosphor und den Vitaminen A, B6, B12, C und E decken.[230]

Und damit ist der Drogenkonsum in diesen Ländern tatsächlich etwas anderes als in den westlichen Industrienationen. Für lateinamerikanische *campesinos* sind Kokablätter ein Lebensmittel in einem brutaleren Sinn:

> Chewing coca is one way of making the catastrophic living and working conditions as well as the deficient nutrition easier to bear. Anyone chewing 50 to 80 grammes of coca a day has taken in two third of his need of minerals, trace elements and vitamins. Thus nutrition experts regard the estimated average daily consumption of 30 to 100 grammes of coca as an indispensable component of the diet of Bolivian farmers and mine workers without which the illnesses caused by deficient nutrition would become even worse.[231]

Tschudi schreibt:

> Schon den ältesten Beobachtern ist es aufgefallen, daß die Indianer beim regelmäßigen Gebrauch der Coca nur sehr wenig Nahrungsmittel bedürfen und bei verdoppelter Gabe fast gar keine nöthig haben und zudem die anstrengendsten Arbeiten mit Leichtigkeit verrichten. Sie schreiben daher der Coca außerordentliche Kräfte zu und glaubten sogar, sie könne die Nahrung ganz ersetzen.[232]

Ob die Koka die Mangelernährung zum Teil kompensiert oder sie lediglich dem Bewußtsein entzieht, wird in der Literatur kontroversiell diskutiert.

Die Kokablätter nehmen darüber hinaus, ähnlich wie Opium, eine wichtige Funktion als Heilmittel, besonders in abgelegenen Regionen ohne ärztliche Versorgung, ein. Koka wird als Betäubungs- und Schmerzmittel, als Medikament gegen Magen- und Darmbeschwerden, und vor allem gegen die *soroche*[233] genannte Höhenkrankheit verwendet, denn die Koka stabilisiert den Kreislauf und kompensiert den Sauerstoffmangel in großen Höhen.[234] Bei den am schlechtesten ernährten Indianern scheint sie Beri-Beri, Skorbut und Gicht zu verhindern. "Die in geringen Spuren beim Kauen durch die Beimischung von kleinsten Mengen Kalk oder Aschenpulver (Magnesium) freigesetzten Alkaloide regulieren nach neueren Untersuchungen zusätzlich den Glucosegehalt des Blutes" und dämpfen so das Hungergefühl. Koka bewirkt eine Erwärmung der Körpertemperatur um 3 Grad Celsius und erleichtert damit das Leben im kalten Hochland.[235] Mican de Francisco zitiert den Schriftsteller Garcilaso de la Vega:

> La coca preserva el cuerpo de muchas enfermedades y nuestros médicos usan de ella, hecha polvo, para alejar las plagas, fortalecer los huesos, para sacar el frío del cuerpo, para impedir que entre, para sañar las llagas.[236]

Ohne die Hunger- und Kältegefühl betäubende Wirkung der Kokapflanze sind die ganz normalen ortsüblichen Lebensbedingungen für die Mehrzahl der indigenen Bevölkerung nicht auszuhalten; Lebensbedingungen (harte landwirtschaftliche Tätigkeit, Hunger, Kälte, weite Wegstrecken, keine medizinische Versorgung...), über die mittlerweile längst nicht mehr nur durch die Launen der Natur, sondern an den internationalen Rohstoffbörsen, auf Weltwirtschaftsgipfeln und IWF-Tagungen entschieden wird. Die Zurichtung der dortigen Ökonomien nach den Bedürfnissen der Zentren des Weltmarkts hat dazu beigetragen, daß der traditionelle Kokakonsum der indigenen Bevölkerung nicht aus der Mode kommt.

Auch die rasante Zunahme des Rauchens von *bazuco* (kolumbianisch) bzw. von *pitillo* (peruanisch) - einer Mischung aus Tabak und Kokapaste - stellt für die Staaten dort kein Problem dar, da sie dem Großteil ihrer Bevölkerung gegenüber entweder gar nicht oder - im Vergleich zu den Industriestaaten - nur in sehr lockerer Art und Weise auf dem Standpunkt der staatlichen Gesundheitsvorsorge stehen. An der vom Drogenkonsum betroffenen Bevölkerungteilen und der Verbesserung ihrer Lebensbedingungen besteht auch sonst kein staatliches Interesse. Wieso sollten die Staatsoberhäupter der Region von Gesundheitsgefährdungen durch Drogengebrauch mehr beunruhigt sein, als durch Unterernährung und hoher Sterblichkeit eben jener betroffenen Bevölkerungsgruppen?

In den letzten Jahren hat sich in den Anbaugebieten - als eine Folge der Kokainproduktion - auch der Konsum der verarbeiteten Kokablätter durchgesetzt. Für die Bevölkerung der betroffenen Staaten ist reines Kokain bis auf wenige Ausnahmen allerdings kaum erschwinglich, wohl aber die Abfall- und Zwischenprodukte der Kokainproduktion. Millionen zählen heute zu den regelmäßigen Konsumenten und Süchtigen, davon in Kolumbien schätzungsweise allein 500.000.[237]

Auch in Bolivien ist die Paste relativ leicht erhältlich und billiger als Alkohol (5 US$/g). Meist werden jene zu dauerhaften Pastenkonsumenten, "die in enger Verbindung mit dem Verarbeitungsprozeß der Kokablätter und der Vermarktung der Paste stehen."[238] Viele der Pastenhersteller beschäftigen Verteiler im Kindes- und Jugendalter, die so ihr Überleben finanzieren und ihren Lohn häufig in Form von Paste ausbezahlt bekommen.

Im Gegensatz zum traditionellen Kauen der Kokablätter, das keine Sucht- oder Gesundheitsgefährdung darstellt, stellt die Kokapaste eine Gefahr für die Gesundheit (oft bleibende Gehirnschäden) dar, da sie durch die Rückstände der Chemikalien, die zur ihrer Produktion verwendet werden (Kerosin, Schwefelsäure u.a.) stark verunreinigt ist.[239]

Exkurs: Geschichte des Kokakonsums in Südamerika[240]

In den vorkolonialen Gesellschaften der Anden hatte die Koka einen fixen Platz als "rituell eingebundener Teil kultischer Tätigkeiten", so Kappeler, der den Drogenkonsum präkolonialer Völker Asiens und Lateinamerikas untersucht hat. Er schreibt weiter: "In diesen frühen Kulturen hat der Rausch eine soziale, gemeinschaftsstiftende Funktion. Er ist nicht der einsame Trip eines von der Gesellschaft ausgegrenzten Einzelnen..."[241] Die ältesten vorliegenden Hinweise auf den Konsum von Kokablättern werden der ecuadorianischen Valdivia-Kultur (3.000 v. Chr.) zugeordnet, andere Autoren verweisen auf präinkanische Kulturen des peruanischen Hochlandes.

In zahlreichen Götterdarstellungen und Mythen diverser indianischer Kulturen spielt die Kokapflanze eine große Rolle. So wird z.B. im Ursprungsmythus der Inkas die "göttliche Pflanze" den Menschen als ein Zeichen der Liebe geschenkt. Der Inka-Staat organisierte und kontrollierte die Produktion der "heiligen Pflanze".[242]

> Die Produktion, Bevorratung und Verteilung der Drogen erfolgte nicht auf gewerblicher Grundlage sondern war Teil des Kultes, der die sozialen Beziehungen weitgehend regelte. Auf diesen Stufen ökonomischer und gesellschaftlicher Entwicklung wurden Drogen also nicht als Waren produziert, die auf dem Markt hätten verkauft werden müssen, um den in ihnen verborgenen Mehrwert zu realisieren.[243]

Ob die Koka Teil des Alltagslebens der Bevölkerung war oder nur zu gewissen religiösen Festen allen zur Verfügung stand und sonst einem bestimmten Personenkreis (Priesterkaste, die *chasquis* genannten, rund um die Uhr einsetzbaren Kuriere im Staffelsystem, welche 2,5 km in 10 Minuten liefen, u.a.) vorbehalten war, wird in der Literatur kontroversiell diskutiert.

Bei ihrer Ankunft in Südamerika fanden die spanischen Conquistadoren die Sitte des Kokakauens (*acullico*) vor, wie die oft zutiefst rassistischen Berichte und Chroniken katholischer Missionare, Konquistadoren wie Vespucci 1504, Columbus 1493 und anderer Reisender belegen. Im Zuge der Christianisierung der indigenen Bevölkerung wurde das Kokakauen als heidnisches Relikt - als Mit-dem-Teufel-Reden ("hablar con el demonio") - von den Kolonialherren gebrandmarkt. Auf dem Konzil von Lima im Jahre 1551 wurde den Indianern der selbständige Anbau von Koka untersagt und in der Folge von der Inquisition verfolgt. Die Kolonialherren fürchteten, die symbolische Bedeutung der Koka könne zum Haupthindernis beim Oktroyieren des christlichen Glaubens werden und den Widerstand stärken. In der Tat spielte sie bei indianischen Aufständen eine wichtige Rolle.

Doch bald nach dem Sieg über das Inka-Reich 1536 erkannten die spanischen Plantagen- und Minenbesitzer, daß einerseits der Kokakonsum die Leistungsfähigkeit der zwangsrekrutierten Indios in den Gold- und Silberminen erhöhte, und andererseits der Kokahandel ein äußerst lukratives Geschäft war. Das Verbot wurde revidiert, die spanische Krone übernahm das Kokamonopol der Inka-Herrscher und ihre Pflanzungen und verkaufte die Genehmigung zum Kokaanbau an spanische Kolonisatoren. Diese intensivierten den Anbau im Rahmen ihrer Encomiendas, den meist für ein oder zwei Generationen von der spanischen Krone an spanische Kolonisatoren übertragenen Lehen (Ländereien samt tributpflichtigen indigenen Gemeinschaften). Die meisten Kokapflücker waren Hochlandindianer, die einen Monat pro Jahr in die tiefer gelegenen Anbaugebiete kamen, um ihren Arbeitstribut zu leisten. Zu einem der wichtigsten Absatzmärkte avancierten die legendären riesigen Silberminen von Potosí, wo Koka quasi zum Lebensmittelersatz für die völlig unterernährten indianischen Zwangsarbeiter wurde. Es entwickelte sich eine regelrechte Kokaökonomie, die sowohl der Krone, als auch der Kirche - diese erhielt ein Zehntel der Jahresernte - enorme Einnahmen brachte.

Im Zuge der Kolonialisierung wurde die vorkoloniale Art der Verwendung der Kokapflanze sowie anderer vorkolonialer Rauschmittel zum großen Teil zerstört, wie vieles andere auch. Seit der Kolonialisierung befriedigt der Rauschmittelkonsum in der Andenregion immer öfter neue, andere Bedürfnisse als vorher: Aus einem "kollektiven Genußmittel" wurde mehr und mehr ein "individuelles Betäubungsmittel"[244]. Eine "Verwandlung des pharmakologischen und rituellen Gebrauchswertes einer geheiligten Pflanze in eine Ware, die unter den Bedingungen des kapitalistischen Marktes verkauft und gekauft werden muß"[245] fand statt.

Ähnliche Prozesse gewaltsamer Verwandlung präkolonialer Drogen in Waren lassen sich in beinahe allen kolonisierten Ländern nachweisen. Dort, wo bis dahin nur für den Eigengebrauch Drogen angebaut wurden, breiteten sich bald riesige Monokulturen aus, die oft auch mit Waffengewalt gegen den Widerstand der Bauern durchgesetzt werden mußten, so z.B. im Falle der britischen Kolonialmacht und des Mohnanbaus in Indien.[246]

Exkurs: Diskussion um den Kokakonsum in Südamerika

Die Diskussion um den Kokakonsum in Südamerika wird schon lange kontroversiell geführt. Manche Autoren halten die Droge, so auch - seit der Conquista - die Koka für ein Unterdrückungsinstrument zur Aufrechterhaltung bestehender Gewalt- und Ausbeutungsverhältnisse. Das Drogengebrauch der Opfer sei von den Herrschenden zur Schwächung und Unterbindung des kollektiven Widerstandes gegen die bestehende Ordnung gewünscht und gefördert.[247] Die Koka stumpfe die *indígenas* den körperlichen Folgen ihrer Ausbeutung gegenüber ab, mache sie ihnen gegenüber gleichgültig. Der peruanische Schriftsteller H.L. Albujar schreibt, es sei "Ausdruck der Coca-Wirkung, daß der Indio wie ein Esel arbeitet, ohne sich zu beschweren."[248]

Die zwei Ethnologen Zikmund und Hanzelka zitieren einen indianischen Führer:

> Koka ist eine schreckliche Sache, sie vertreibt Hunger, Durst und Müdigkeit. Sie macht aus den Menschen Automaten. Sie holt das Letzte aus dem Körper heraus. ... Diese kleinen Bergleute arbeiten 2-3 Tage und Nächte hintereinander... [249]

Ähnlich beurteilt Castillo den Kokakonsum:

> Además debe anotarse que la coca y su derivado químico siempre ha sido asociados con el hambre, con la posibilidad de obtener un hombre capaz de trabajar largas horas sin requerir descanso, o alimento siquiera, algo así como una forma mutuamente consentida de esclavitud más cómoda y barata.[250]

Diese Einschätzung des Drogenkonsums indigener Völker wird von anderen Autoren als undifferenziert und einem genußfeindlichen, eurozentrischen Weltbild geschuldet, kritisiert. Sie sehen im Kokakonsum ein Symbol für den Kampf der indigenen Völker Lateinamerikas um die Erhaltung ihrer ethnischen Identität, sowie im Kampf gegen die Kokapflanze und ihren immer noch gemeinschaftlichen Gebrauch einen Diebstahl an Kulturgütern Lateinamerikas. Damit sei der zentrale Nerv einer Kultur getroffen, "die sich während einer Entwicklungszeit von ca. 5.000 Jahren in dieser Pflanze symbolisierte".[251]

> Wohl niemals war eine Pflanze ein so wichtiger Bestanteil der kulturellen Identität eines Volkes wie die Koka bei den südamerikanischen Indios................Die Koka als wesentliches Element der indianischen Lebensweise ist tief verflochten mit Religion, Tradition, Arbeit und Medizin. Angesehen als eine Art "göttlicher Heilsbringer", oder wie Canelas und Canelas es ausdrücken als "elemento mediator entre el mundo sobrenatural y el terrenal", sind Koka-Blätter feste Bestandteile religiöser und sozialer Rituale.[252]

> Das Kokablatt ist seit undenklichen Zeiten Teil der andinen Kultur. Es ist der rote Faden ihrer Geschichte und deswegen Grundlage und Träger ihres Erbes.[253]

Vertreter verschiedener Indígena-Organisationen haben den Kampf gegen die Ausrottung und Kommerzialisierung ihrer Kultdroge zu einem Anliegen ihrer politischen Organisation gemacht, so die Paez im Cauca-Gebiet im Süden Kolumbiens[254] oder die Vertreter der *Organización Indígena del Vaupes* CRIVA:

> Los indígenas defendemos nuestra lengua, nuestras tradiciones y costumbres, nuestra propria organización social. Creemos que tenemos derecho a conservar nuestra autonomía cultural....Los pueblos indígenas poseemos una rica cultura, que aunque dominada y agredida no ha podido ser destruida por los colonizadores. Los modos de vida de nuestras sociedades traditionales, aun la de las actuales, están llenas de enseñazas. Nos quieren quitar la coca que usamos para todo y dicen los blancos, el gobierno que es que somos mafiosos, que tenemos laboratorio, que aquí somos alcahuetas y quieren quemar nuestra tierra y prohibir nuestras costumbres.[255] [256]

Diese Diskussion soll hier im Rahmen dieser Arbeit nicht ausführlicher geführt werden.

III. Die Drogenkartelle - eine Gefahr für die Durchsetzung des Gewaltmonopols des kolumbianischen Staates nach innen?

Auch die territoriale Einschränkung und Ergänzung der Staatsmacht ist für Staatsmänner in den Anden kein zwingender Einwand gegen das Drogengeschäft. Wieso sollten Staaten, in denen legale Großgrundbesitzer und Agrarkonzerne in ganzen Landstrichen das Sagen haben und sich wie die Staatsmacht verhalten dürfen, darunter leiden, wenn Drogenbarone mit ihren Aufsehern und Privatarmeen für eine ihnen genehme Ordnung sorgen? Für den dortigen Staat besteht da an sich kein Unterschied. Die kolumbianischen Großgrundbesitzer sind jahrelang regelrecht dazu ermuntert worden, Privatarmeen zu organisieren: Im Gesetzesdekret Nr.48[257] zur *Defensa Nacional* ('Nationalen Verteidigung') von 1968 sind die Bildung und den Einsatz paramilitärischer Gruppen zur Unterstützung der Armee gegen "Feinde im Innern" und zur Kriminalitätsbekämpfung genau geregelt.[258] Eben jenes Gesetz bildet die rechtliche Grundlage für die bewaffneten Territorialherrschaften von Großgrundbesitzern und Konzernen, durch die sich der kolumbianische Staat nicht beschränkt, sondern ergänzt sieht.

Der Großteil der kolumbianischen Großgrundbesitzer unterstützt irgendeine Form von privatem Selbstschutz, vor allem in den Regionen mit starker Guerillapräsenz, die etwa 500 Gemeinden umfassen:

> Dieser ist von Region zu Region unterschiedlich und reicht von finanziellen Beiträgen zur Durchführung von "sozialen Säuberungsaktionen" an die örtlichen Streitkräfte über den Aufbau bewaffneter Gruppen mit dem strikten Auftrag, die jeweilige Hazienda zu verteidigen und den benachbarten Hilfe zu leisten, bis hin zur Organisation und Finanzierung von offensiv vorgehenden Todesschwadronen.[259]

Allein im März, April und Mai des Jahres 1988 wurden in Kolumbien 638 Fälle von *"limpiezas sociales"*, von Morden an Personen aus sozialen Randgruppen (Prostituierten, Obdachlosen, Straßenkindern, Drogensüchtigen...) durch paramilitärische Gruppen bekannt.[260]

Der überwiegende Teil der Großgrundbesitzer ist bereit, ein ganzes Netz von privaten Verteidigungssystemen in den Gebieten mit starker Guerillapräsenz aufzubauen. Präsident Gaviria (im Amt von 1990 bis 1994) wies 1987 als damaliger Innenminister auf die Existenz von 140 paramilitärischen Gruppen in ganz Kolumbien hin. Die Geheimpolizei DAS deckte auf, daß militärische Einheiten zusammen mit den Paramilitärs an Massakern beteiligt waren.[261]

Die Privatarmeen der Drogenbarone unterscheiden sich da in keinster Weise:

> ....in einigen Gemeinden des Großraums Medellín oder im Magdalena Medio Zentralkolumbiens, ist es zu einer weitreichenden und kaum getarnten politischen Kontrolle über die regionalen staatlichen Machtinstanzen gekommen. Dies ermöglichte es den Medellíner Kokainunternehmern mit ihren Privatarmeen regelrechte "extraterritoriale" Gebiete zu schaffen, in denen sie sich weitgehend frei bewegen können und der Zentralstaat jeden Einfluß verloren hat.[262]

Ihr Problem mit der Durchsetzung des Gewaltmonopols nach innen in bezug auf die Drogenkartelle bekommt der kolumbianische Staat erst durch den Druck des Auslands. Erst in Folge dieses Drucks und nur aus diesem Grunde sieht der kolumbianische Staat die Privatarmeen der Drogenbosse nicht als Ergänzung zum eigenen Militär wie vorher.

Dieser Widerspruch spaltet die kolumbianische Elite und setzt sich personell fest: Neben jenen, welche die Drogenökonomie als Konjunkturlokomotive loben, gibt es zahlreiche kolumbianische Politiker und Autoren, die den kolumbianischen Staat als das erste Opfer der Drogen darstellen, da dadurch die zentrale Staatsmacht geschwächt würde. Das staatliche Machtmonopol ("la constitución de una legalidad y la fuerza física en un territorio dado"[263]) sei von der Mafia in Frage gestellt.

> El dinero proveniente de la droga corrumpe y deteriora la estructura social, política y económica de nuestros pueblos, atentando contra la democracia y el Estado de derecho.[264]

Dem muß entgegengehalten werden, daß die hier angesprochenen Schwierigkeiten zur Durchsetzung des staatlichen Gewaltmonopols nach innen - gegen die Drogenkartelle - ja bereits das Resultat eines von außen aufgezwungenen Kampfes gegen das Drogengeschäft sind.

ZWEITER TEIL:
BUSHS "WAR AGAINST DRUGS" ALS SCHWERPUNKT DER US-LATEINAMERIKAPOLITIK - KONTINUITÄT UND BRÜCHE

ERSTES KAPITEL: "*WAR AGAINST DRUGS*"

Noch vor dem Krieg gegen Saddam Hussein hatte Präsident Bush ein anderes Markenzeichen für seine Präsidentschaft gefunden: "Krieg der Rauschgiftmafia" und der "Drogenseuche von Millionen von Amerikanern". Der Drogenkonsum der amerikanischen Staatsbürger und der "kriegsmäßige *Feldzug der Drogensyndikate* gegen die Gesellschaft"[265] wird damit zu einer Herausforderung ersten Ranges erklärt:

> Die Lebenskraft unserer Nation ist vom Rauschgift bedroht. Die Drogenseuche verwandelt unsere Städte in Schlachtfelder, ermordet unsere Kinder, zerstört unsere Wohnviertel, unsere Familien, unsere Freunde.[266]

Mit dieser Lagebeurteilung steht seine als "Kriegserklärung an die Rauschgifthändler"[267] im September 1989 vorgestellte Drogenbekämpfungsstrategie bereits fest: mehr Gefängnisse im Innern der USA und mehr US-Waffen und Militärberater für die lateinamerikanischen Staaten.

"Die Regierung Bush hat den Rauschgiftkonsum zum wichtigsten innenpolitischen Thema erklärt".[268] Ihr Drogenbekämpfungsprogramm ist das teuerste in der Geschichte der USA: Die dafür vorgesehenen Ausgaben sind von 6,4 Milliarden US$ 1988 auf über 11 Milliarden US$ im *Fiscal Year* 1992 angestiegen.[269] "All of us agree", so Präsident Bush, "that the gravest domestic threat facing our nation today is drugs".[270] Andere wie die Abgeordneten Bill Alexander aus Arkansas und Jamie Whitten aus Mississippi gehen sogar noch einen Schritt weiter. Sie bezeichnen Drogen als die "single most serious threat to the nation's security, either foreign or domestic."[271] Auch das noch von Reagan im Mai 1980 eingerichtete Santa Fe-Komitee sieht in seinem zu Beginn der Bush-Administration herausgegebenen Dokuments Santa Fe II mit dem Titel "Eine Strategie für Lateinamerika in den 90er Jahren" neben Terrorismus und kommunistischer Subversion den Drogenhandel als Hauptbedrohung, der sich die Amerikas gegenübersehen.[272] Die Bekämpfung von Kokain und Crack ist Schwerpunkt in der Drogenpolitik der Bush-Administration.

Exkurs zur Geschichte des Kokainkonsums

Im Gegensatz zu anderen Genußmitteln aus den Kolonien wie Kaffee, Tabak, Kakao und Tee war die Kokapflanze in Europa erst wenig begehrt und galt als unzivilisiert und unfein. Das änderte sich 1859 mit der Reindarstellung des Alkaloids der Kokablätter, genannt "Kokain", durch den Chemiker A. Niemann. 1884 entdeckte C. Koller die schmerzstillende Wirkung des Kokains; im selben Jahr veröffentlichte S. Freud nach Selbstversuchen seine begeisterte Abhandlung "Über Kokain", in der er es als Antidepressivum pries. Kokain wurde nicht nur in Form zahlreicher Medikamente als Heilmittel und als Mittel zur Lokalanästhesie verwendet, auch als Stimulans war es seit 1865 z.B. in Form des "Vin Mariani", einem Getränk aus Wein und Kokablätterextrakt, in Europa und den USA geschätzt, u.a. von Konsumenten wie Sarah Bernhardt, Emile Zola, Henrik Ibsen, Jules Verne und Päpsten wie LEO VIII. 1886 erfand der Amerikaner J. Stythe Pemberton das Erfrischungsgetränk "Coca Cola" mit den Zutaten Koka und Koffein. Um die Jahrhundertwende gab es bereits über 100 Kokagetränke, propagiert als Lebenselexiere und Allheilmittel, legal auf dem Markt zu kaufen. Bis 1903 enthielt Coca Cola noch Koka, seit 1903 nur noch ein koffeinhaltiges Extrakt der Kokanuß und seine charakteristischen Geschmacksstoffe aus Kokablättern, denen man das Alkaloid Kokain entzogen hat; sie werden noch heute aus Peru importiert. Der eigentliche Anstieg des nicht medizinischen Kokainkonsums setzte um 1900 in Nordamerika und Europa ein. Um die Jahrhundertwende gehörte die "Exklusivdroge" Kokain vor allem in Künstlerkreisen zum "Lifestyle".

1914 wurde in den USA im Zuge des Harrison Act für Kokain die Rezeptpflicht eingeführt. Zudem sank aufgrund der Verwendung von synthetischen Ersatzmitteln in der Medizin die legale Nachfrage nach Kokain. Die zweite Welle des Kokainismus in Europa setzte vor dem 1. Weltkrieg ein (- im ersten Weltkrieg war Kokain bei den kaiserlichen Soldaten stark im Einsatz -) und umfaßt vor allem die Literaten und Künstler im Berlin der 20er Jahre. Danach verlor Kokain zunächst an Bedeutung. Die große Renaissance setzte Ende der 70er Jahre ein, zunächst in den USA und kurz darauf in Europa.[273]

> Anfang der 80er Jahre schätzte das National Narcotics Intelligence Consumer Committee, eine private Forschungsstelle über den Drogenkonsum, in den USA etwa 18 Mio. [Kokain-]Konsumenten, einschließlich "Gelegenheitskoksern". Das mag großzügig geschätzt sein, doch mit Sicherheit gibt es ca. sechs Mio. Kokain-

konsumenten in den Vereinigten Staaten. Kokain ist in den USA nach Alkohol, Psychopharmaka und Marihuana die vierthäufigste Droge.[274]

Allein in New York, dem weltweit größten Kokainmarkt, wird seither jährlich Kokain im Wert von etwa 20 Mrd. US-Dollar umgesetzt.[275]

***

In einem Fall wie hier bei Drogenhandel und -konsum besteht in der Regel die Vorgangsweise des Staates in Kriminalisierung - so wie sonst auch, wenn ihm die Sitten und Gebräuche nicht konvenieren, mit denen sich seine Bürger in den bestehenden Lebensverhältnissen einrichten: "Im Mittelpunkt [von Bushs] Maßnahmenpakets steht der strafrechtliche Aspekt: Mehr Polizei, mehr Kontrollen, mehr Gefängnisplätze."[276]

Innen- wie außenpolitisch setzt Bushs Drogenprogramm auf repressive Maßnahmen. Ein Großteil der Mittel, die im Inland verwendet werden sollen, ist für den Ausbau der Gefängnisse und die Erweiterung des Polizei- und Justizsystems vorgesehen. Zusätzlich soll die Todesstrafe für bestimmte Drogendelikte eingeführt werden.[277]

Kronenwetter gelangt zu einem ähnlichen Urteil: "In the debate over antidrug strategy, the Bush administration clearly comes down on the side of those who see drug abuse as primarily a law-enforcement problem."[278]

Auch im Abschlußdokument des Drogengipfels von 1990, in der Erklärung von Cartagena, von den Staatschefs Boliviens, Kolumbiens, Perus und den USA unterzeichnet, ist festgehalten: "Die Unterdrückung des Handels mit verbotenen Drogen ist grundsätzlich Aufgabe der Polizei."[279]

Dabei ist durchaus bekannt, daß Verbieten nicht gleichbedeutend mit Verhindern ist. Hier wie bei jedem anderen Verbot rechnet der Staat damit, daß Umgangsformen, die er mittels seiner Gesetzgebung zum Verbrechen erklärt, in seiner Gesellschaft dauernd bestehen und dort auch bestehen bleiben. So glaubt auch bei der Kriminalisierung des Drogenkonsums niemand ernsthaft, daß die Drogengesetze den Drogenkonsum abschaffen. Das staatliche Verbot bewirkt nur, daß sich Konsumenten und Dealer auf das Verbot einstellen. Für beide

Seiten steht damit der Weg in die Kriminalität fest.[280] Allein 1988 wurden in den USA eineinhalb Millionen Kokainkonsumenten verhaftet.[281]

> Auch die Zahl der wegen Drogendelikten von Bundesgerichten Verurteilten stieg allein von 1980 bis 1986 um 134%. Ebenso ist die chronische Überbelegung der Gefängnisse nicht zuletzt durch die steigende Zahl verurteilter Drogentäter bedingt. Während sich die Gefangenenzahlen in Bundesgefängnissen zwischen 1981 und 1989 von 329 821 auf 673 565 fast verdoppelte, nahm der Anteil der wegen Drogendelikten einsitzenden Straftäter allein zwischen 1980 und 1987 um 161% zu.[282]

Exkurs zu Drogenpolitik und -kriminalisierung

Daß der Rechtsstaat Drogenkriminalität bekämpfen muß, darüber sind sich US-Politiker einig - und das, obwohl bekanntlich unzählige Drogenärzte, Suchtberater und Sozialarbeiter immer wieder darauf hinweisen, daß der Staat keine "Schlachtfelder in seinen Städten" und kein Kriminalitätsproblem hätte, wenn er den Drogenkonsum nicht verbieten und stattdessen alle Rauschmittel ungefähr wie harte alkoholische Getränke behandeln würde.[283]

> Wenn Kriminalität ....im Zusammenhang mit der Verwendung von Drogen auftritt, so nicht weil illegale Drogen per se Verbrecher "verursachen", sondern weil die soziale Situation und Zwangslage mancher Süchtiger eine ist, aus der heraus auch Abstinente nicht minder leicht straffällig werden.[284]

Auch die kolumbianische Tageszeitung *El Espectador* hält daran fest, daß "die sogenannte zivilisierte und moderne Gesellschaft die "Geisel Drogenproblematik" kreiert, indem sie sich vor ihr schützen will."[285]

Die Ablehnung von Vorschlägen wie Entkriminalisierung und Legalisierung legt den Schluß nahe, daß die USA, wie andere bürgerliche Staatsgewalten auch, offenbar ein weitergehendes Ziel haben, als die Resultate der Kriminalisierung des Drogenkonsums zu bekämpfen: Ihr Anliegen ist die Bekämpfung des Drogenkonsums selbst. Bush stellt die Diagnose, daß Drogen die Grundlagen seiner Gesellschaft - die "Lebenskraft der Nation" - untergraben. Seinen Anspruch auf ein Volk, dessen Willen brauchbar zu sein und zu bleiben, feststeht - ganz getrennt davon, wie und ob sich seine Bürger in seiner Gesellschaft nützlich machen -, sieht er durch den Drogenkonsum in Frage gestellt.

All other arguments aside, however, the opponents object to legalization primarily on moral grounds. As William Bennett said of the Bush asministration's drug policies, "The basic premise...is that drug use is wrong." Bennett and the other opponents of legalization believe that making drugs legal would mean denying that premise.[286]

Daß Drogenkonsum einen Angriff auf die sittlich-moralischen Grundlagen ihrer Gesellschaft darstellt und deshalb energisch zu bekämpfen ist (oder, anders ausgedrückt, als "soziale Herausforderung" begriffen werden muß), davon gehen die Staatsmänner aller westlichen Industrienationen aus, wie verschieden ihre jeweiligen Drogengesetzgebungen im einzelnen auch sein mögen. In der Manipulation und Ausschaltung des Willens mittels Drogen sehen sie eine prinzipielle Gefährdung ihrer Gesellschaft: Diesem Verdacht unterliegen alle Rauschmittel - vom Alkohol bis zum Heroin. Bürgerliche Staatsmänner stehen der Moralität ihrer Bürger eben alles andere als gleichgültig gegenüber. Pilgram schreibt:

Es geht zunächst einmal sichtlich nicht nur um gesundheitliche Schäden und ihre Verhütung, sondern auch um erlaubte Genüsse, um die Regulierung zulässiger bzw. unzulässiger "Laster"....Drogenpolitik hat also de facto nicht nur mit der Sorge um die Volksgesundheit zu tun, sondern ebenso mit der Regulierung des "(Un-) Lusthaushaltes", mit der sozialen Kontrolle durch und über erlaubtes und unerlaubtes Vergnügen, mit der "Moral".[287]

Bürgerliche Staaten bekämpfen den Konsum von Drogen aus Sorge um die physische und psychische Tauglichkeit ihres Staatsvolkes, wobei die staatlichen Ansprüche an ein brauchbares nationales Kollektiv ihre eigenen Gesichtspunkte haben. Der Staat hat den Verdacht, daß es unter den "Wirkstoffen pflanzlicher oder chemisch-synthetischer Herkunft, die durch Wirkung auf das Zentralnervensystem Erlebniszustände herstellen, die vom Normalzustand abweichen"[288] (so Kleins Definition der Drogen) - nützliche und schädliche gibt. Die Verbotslinie verläuft zwischen "Durchhalte-Drogen" und jenen mit behaupteter Sozialschädlichkeit. Gewisse chemische Substanzen dienen dem Durchhalten und "Funktionieren": So werden jährlich in den USA allein in Apotheken Milliarden Schmerztabletten, -pillen und -zäpfchen, "Speed-Pillen" und chemische Aufbausubstanzen verkauft. Auch Alkohol ist ein gesellschaftlich toleriertes Ventil gegen Frustrationen aller Art. Mader weist auf die medizinische Verwendung von Drogen in psychiatrischen Institutionen, Gefängnissen und militärischen Apparaten hin, wo Drogen nicht nur nicht frei nach Wahl genommen werden dürfen, sondern oft nicht zurückgewiesen werden können.[289]

Die Sorge um die körperliche Unversehrtheit seiner Bevölkerung ist auf jeden Fall nicht der Ausgangspunkt für die staatliche Drogenkriminalisierung. Es stimmt zwar, daß viele Drogenkonsumenten nach einiger Zeit körperlich ruiniert sind, aber wenn es den staatlichen Aufsichtsbehörden darum ginge, dem gesundheitlichen Verfall der Drogenabhängigen entgegenzuwirken, dann könnten sie sich wirklich umstandslos den Argumenten der Befürworter einer Legalisierung des Drogenkonsums anschließen. Aus allen Expertenberichten geht nämlich hervor, daß die gesundheitlichen "Risiken" sogar der Opiumabhängigen - einschließlich des Drogentods durch Überdosierung - viel eher aus der Kriminalisierung des Drogenkonsums als aus dem Konsum selbst folgen.

> Richtig dosiert, so betonen Experten, haben die Opiate relativ geringe Nebenwirkungen....Da der Drogenabhängige weder seine individuellen Grenzen noch die Reinheit des von ihm konsumierten Rauschgift kennt, wird die Überdosierung und infolgedessen Atemlähmung allzu leicht sein tödliches Schicksal. Eine große Zahl der Erkrankungen der Opiatsüchtigen hat allerdings nicht direkt mit der Droge zu tun. Infektionen wie Hepatitis und neuerdings Aids sind eher Folgen des kriminellen und krankmachenden Milieus.[290]

In diesem Sinn äußert sich auch Pilgram, der zu bedenken gibt, "daß der hohe Preis illegaler Drogen, der gerade von unbemittelten Personen nur schwer aufgebracht werden kann, zur notwendigen Vernachlässigung anderer Bedürfnisse der Körperpflege, der ausreichenden Ernährung, ärztlichen Behandlung von Krankheiten etc. führt."[291]

Als Einwand gegen ihre Kriminalisierung des Drogenkonsums läßt die Staatsgewalt solche Diagnosen nicht gelten, genausowenig wie die Hinweise, daß Drogenabhängige, die unter ärztlicher Kontrolle mit Drogen versorgt werden, durchaus einem geordneten Berufsleben nachgehen können. Dem staatlichen Drogenverbot geht ja auch keine Überprüfung voraus, ob Drogenkonsumenten in der Tat für ihren jeweiligen Beruf unbrauchbar geworden sind. Drogenkonsum wird als Verbrechen verfolgt, ganz getrennt davon, ob ein Kokain schnupfender Manager mit Erfolg seiner beruflichen Tätigkeit nachgeht, oder ob es sich bei den Betroffenen um Ghettobewohner handelt, für die es sowieso keinen Arbeitsplatz gibt.[292]

Welche "psychoaktiven Substanzen" kriminalisiert, welche rationiert und welche ganz frei gegeben werden, da "setzen die Regierungen einzelner Länder höchst unterschiedliche Maßnahmen"[293]: Die "Regierung Frankreichs beispielsweise setzt auf Zwangsmaßnahmen gegen Süchtige...Die griechische Regierung weigert sich, zwischen harten und weichen Drogen überhaupt zu unterscheiden und stellt den Besitz sowie den Konsum von Kleinstmengen Haschisch unter Strafandrohung."[294] Die holländische Regierung will durch die Freigabe von Haschisch und Marihuana eine effektivere Bekämpfung des Heroin- und Kokainkonsums erreichen. Die verantwortlichen Politiker in Österreich und in der BRD stehen dagegen mehr auf dem Standpunkt, daß gerade durch die Freigabe "weicher Drogen" der Drogensucht Tür und Tor geöffnet werden. Bürger skandinavischer Staaten können in ihren Heimatländern - beinahe wie in der Zeit der US-amerikanischen Prohibition - Alkohol nur in staatlich reglementierten Rationen beziehen.[295]

Legalität oder Illegalität einer Droge liegt nicht am Stoff selbst und läßt sich an der Substanz nicht festmachen.[296] "Betrachtet man nur die Gesundheitsrisiken diverser Drogen, wird allein daraus noch keineswegs klar, warum eigentlich alle erlaubten Drogen erlaubt und alle verbotenen verboten sind"[297], so Pilgram. Was staatlicherseits - von der Substanz her - erlaubt und verboten ist, verdankt sich vor allem historischen Zufällen.[298]

> La historia de las leyes sobre las drogas en los Estados Unidos muestra que la medida por la cual una droga ha sido declarada ilegal o controlada no tiene relación directa con su peligro inherente.[299]

Bei der Frage, was Bürger untauglich macht, geht es nicht um eine wissenschaftlich zu lösende Frage, sondern um staatliche Einschätzung - und die ändert sich. So hat sich z.B. am Alkohol selbst nichts verändert, wohl aber an der staatlichen Stellung dazu. Zu Prohibitionszeiten wurde Alkohol - wie jetzt Crack - als Grund für Armut, Kriminalität und städtischen Verfall verantwortlich gemacht - so als wäre das Betäubungsbedürfnis dieser armen Bevölkerungsteile nicht eine (wenngleich nicht selbstverständliche) Folge ihrer Armut, sondern die Ursache ihrer sozialen Misere.[300]

Ein anderes Beispiel für eine im Laufe der jüngeren Geschichte staatlicherseits sehr unterschiedlich eingeschätzte Droge ist der Kaffee: Als "Droge der republikanisch gesinnten Kaufleute und Manufakturisten des aufstrebenden Bürgertums"[301] wurde er von Jacob dem I. im England des 17. Jahrhunderts mit einem strengen Verbot belegt. Der aufmüpfige Geist der Vertreter der aufsteigenden Klasse wurde dem Genuß von Tabak und Kaffee zugeschrieben, und deshalb Besitz, Konsum und Weitergabe dieser Drogen unter drakonische Strafen gestellt.[302]

Umgekehrt begannen viele der heute verbotenen Drogen ihre Existenz sogar als legale pharmazeutische Produkte - so zum Beispiel das therapeutisch eingesetzte Kokain, das in den USA erst 1914 verboten wurde.[303] Eschenbacher schreibt: "Von ca. 1870 bis 1920 wurden ....Opiate von den Industrieländern in Massenproduktion legal hergestellt".[304] Ein "Teil der Suchtkrankheiten war immer iatrogen (medizinisch verursacht), gegen Drogenabhängigkeiten wurden wieder Drogen entwickelt, die ihrerseits abhängig machen konnten etc...."[305], so Pilgram. So brachte die deutsche Firma Bayer AG 1898 ein Medikament namens Heroin (ein Gemisch aus Morphinbase und Essigsäureanhydrat) auf den Markt, das als nicht suchtbildendes Allheilmittel anstelle von Morphin eingesetzt werden sollte und bis etwa 1930 in großen Mengen frei erhältlich war.[306]

ZWEITES KAPITEL: "*GOING TO THE SOURCE*"

Die Klage aller verantwortlichen Politiker der Industriestaaten, die Drogenkriminalität sei mit den üblichen Mitteln der Kriminalitätsbekämpfung nicht erfolgreich zu bekämpfen, hat ihre Grundlage darin, daß Drogenhandel als internationaler Geschäftszweig organisiert ist. Für die Regierungen der mächtigsten Industrienationen steht damit fest, daß sie ihren Kampf gegen die Drogen nicht auf ihren eigenen Hoheitsbereich beschränken können, sondern andere Regierungen für ihr Interesse an der Drogenbekämpfung mit in Anspruch genommen werden müssen. Aufschlußreich sind in diesem Zusammenhang die Forderungen des *Report for Congress* von 1989 zur *National Drug Control Strategy*:

> The international drug trade poses a serious threat to the welfare, economy, and national security of the United States.... Programs are needed to deter and incapacitate international production and the trafficking organizations responsible for bringing these drugs into the United States. Other nations must be motivated to engage their resources and efforts to defeat international narcotics trafficking.[307]

So wird aus einem innenpolitischen Rechtsproblem der USA ein außenpolitischer Anspruch an die übrige Staatenwelt.

> Federal Action Required to Implement: ...Press for more bilateral agreements with producing countries to strengthen law enforcement cooperation. Use the certification process to motivate foreign governments to attack the drug trade....Explore the possibility of enhanced anti-drug cooperation with other consumer or soon-to-be consumer countries (Western European countries and the USSR) and with countries with which the USA does not maintain diplomatic relations (Cuba).[308]

In den USA völlig durchgesetzt und dort fast allen selbstverständlich wie ein Naturgesetz ist dabei der folgende Standpunkt: Wenn die USA einen Kampf gegen die Drogenkonsumgewohnheiten ihrer Bürger beschließen und dabei ihre Bemühungen innerhalb den USA negativ bilanzieren, dann müssen Drogen eben dort bekämpft werden, wo es für die USA am wenigsten Schwierigkeiten bereitet: im Ausland. So lehnen Kongreßmitglieder beider großen Parteien zwar den Einsatz des Militärs bei Drogenbekämpfungsmaßnahmen innerhalb der USA ab, rufen aber nach verstärktem Einsatz des Militärs im Ausland.

> Vom Standpunkt der Vereinigten Staaten gesehen...ist es einfacher und kostengünstiger, die Pflanzungen, d.h. das Angebot, zu vernichten,...als dem Problem von der Angebotsseite her die Stirn zu bieten.[309]

Der Chef des *Cocaine Investigation Service* der DEA bringt es auf den Punkt: "Das Problem wird solange weiterbestehen, bis es ein für alle Mal auf ausländischem Boden durch die Ausrottung der Kokapflanze gelöst ist."[310] Diesem Standpunkt schließt sich die US-Presse an, so z.B. die *New York Times* mit ihrem dringenden Appell "die ausländischen Drogen, die in unser Land strömen, an der Quelle und nicht an der Grenze oder in den Straßen US-amerikanischer Städte aufzuhalten".[311]

Der Einwand zahlreicher lateinamerikanischer Autoren (wie Tokatlian), die die "Wurzeln" und den "Ursprung" der "Drogenproblematik" allerdings nicht bei den Drogenbauern der "Dritten Welt", sondern in den einschlägigen Bedürfnissen der US-Bürger sehen, hat da keinerlei Gewicht. Die Kritik Tokatlians am geltenden US-Standpunkt klingt folgendermaßen:

> ...the drug problem has produced a broad consensus [in den USA[312]] as to its origins, as well as a dramatic national convergence of opinion, at least in rhetorical terms. Drug use is considered a malignant phenomenon whose nature is best explained by external factors and variables. This malady - perverse and polymorphous - comes from abroad, whether or not as the result of a conspiracy to undermine the foundations of US society.[313]

Der US-amerikanischen Einschätzung entsprechend liegt der Schwerpunkt von Bushs Drogenkrieg bei der Bekämpfung der Kokainindustrie in den "Anbaustaaten".[314]

> Reduction of the foreign supply of illicit drugs has been and remains the cornerstone of U.S.drug policy. In 1989, 73 percent of the Federal anti-drug budget funded supply reduction measures.[315]

Auch 1992 ist wieder der Großteil der von den USA für Drogenbekämpfungsmaßnahmen aufgebrachten Mittel (70%) zur Bekämpfung des Drogen*angebots* (und nicht der Nachfrage) vorgesehen.[316]

Wenn die USA einen Kampf gegen die Drogensucht ihrer Bürger beschließen und dafür einen weltweiten Drogenkrieg ausrufen, dann gilt selbstverständlich, daß auswärtige Souveräne sie in diesem Anliegen zu unterstützen haben. Die lateinamerikanischen Staaten - insbesondere jene Länder, die den Großteil des in den USA konsumierten Kokains produzieren (Kolumbien, Peru und Bolivien) - werden selbstverständlich als "Drogenanbaustaaten" in den Krieg gegen die Drogen einbezogen. Der Drogenhandel war bereits durch eine präsidiale Direktive von 1986 in den Rang einer "Bedrohung der nationalen Sicherheit" erhoben worden. Auch Präsident Bush erklärt ihn erneut zu einer außenpolitischen Priorität in der Hemisphäre[317], und 1990 macht auch das in Panama stationierte *U.S.Southern Command of U.S. Armed Forces* (*SouthCom*) Drogen zu ihrer "*number one priority*". Mit der im September 1989 von Präsident Bush als Kernstück seiner Drogenpolitik im Ausland ankündigten "*Andean Strategy*" startet das Pentagon ein massives Drogenbekämpfungsprogramm, das seinen Schwerpunkt in der Andenregion hat und von dort auf Ecuador, Mexiko und Venezuela ausgeweitet werden soll.[318] Auf die "*Andean Strategy*" soll in der Folge noch ausführlicher eingegangen werden.

DRITTES KAPITEL: DIE HEGEMONIE DER USA GEGENÜBER IHREN SÜDLICHEN NACHBARN

Der US-Präsident kann die Staatsgewalten in Kolumbien, Bolivien und Peru so unter Druck setzten, daß die sich den Anliegen der Weltwirtschaftsmacht beugen und auch auf ihrem Staatsgebiet das Drogengeschäft verbieten. Daß die USA den Andenstaaten den Drogenkrieg aufdrängen können, hat seine Grundlage darin, daß die US-amerikanischen Interessen in Lateinamerika längst durchgesetzt sind und die US-amerikanische Vorherrschaft so stark und stabil ist. Hier kommt die traditionelle Eigenschaft Lateinamerikas als Hemisphäre der USA zum Tragen.

"Kampf der Drogenmafia" ist eine moderne Spielart des Ordnungsanspruches der USA. Daß die USA sich einmischen können, ist nichts Neues: Längst ist vor aller Welt klargestellt, daß in sämtlichen Ländern der Region (mit Ausnahme Kubas) immer in letzter Instanz die Regierung in Washington für das Ein- und Absetzen von Regierungen, für die Ausrüstung und Befugnisse des Militärs... - eben für die Definition all dessen, was als "Lebensbedingungen" bezeichnet wird - zuständig ist. Längst ist es ebenfalls eine weltpolitische Selbstverständlichkeit, daß die Souveränität der dortigen Staaten weitgehend aufgehoben ist. Auch daß es niemanden gibt, der den USA das Recht streitig macht, in "ihrer Hemisphäre" für Ordnung zu sorgen, steht schon lange fest.

I. „Amerika den Amerikanern" - von den Expansionsideen der Gründungsväter zur „*Good Neighbour Policy*"

"Kaum hatten Simon Bolívar, José de San Martín und andere die Kolonialherrschaft der Spanier abgeschüttelt"[319], da war für die Politiker in Washington die neue Frage auf dem Tisch: Wie sieht es mit den ökonomischen und sicherheitspolitischen Gegebenheiten und der hoheitlichen Zuständigkeit in dem Raum aus, der vormals Teil der spanischen und portugiesischen Kolonialreiche war? Für die nach dem siegreichen Unabhängigkeitskampf gegen die eigene Kolonialmacht England erstarkten USA stand die Antwort fest: Lateinamerika muß möglichst umfassend ihrem Machtbereich ein- bzw. zugeordnet werden. Schon Madison und Jefferson hatten sich für die Expansion ausgesprochen, da die "USA nicht in der kommerziellen und kontinentalen Beschränkung, sondern nur im Ausgreifen über die Grenzen gedeihen könne".[320] 1813 schrieb Jefferson in einem Brief an A. von Humboldt: "Amerika hat seine eigene Hemisphäre", und 1818 kündigte Clay, der spätere Außenminister Adams (1825-1829), an: Die lateinamerikanischen Staaten "werden den Gesetzen des Systems der Neuen Welt gehorchen".[321] Aber noch hatten die USA nicht die Macht, um sich erfolgreich an der Konkurrenz der Großmächte, die die ganze Welt zu ihrem Betätigungsfeld machten, zu beteiligen.

In der Monroe-Doktrin von 1823, "diese[m] bedeutsamste[n] aller amerikanischen Staatsdokumente", das auch 170 Jahre später noch Gültigkeit besitzt, wurde den europäischen Kolonialmächten als potentiellen Rivalen in der westlichen Hemisphäre "unter dem bekannten Schlagwort "Amerika den Amerikanern" untersagt, die Hand auf Lateinamerika zu legen".[322] Die beabsichtigte Herauslösung Zentral- und Südamerikas aus der europäischen Kolonialherrschaft war der Auftakt zur Einrichtung einer eigenen Einflußsphäre der USA auf dem lateinamerikanischen Halbkontinent, der nach US-amerikanischem Sendungsbewußtsein von der göttlichen Vorsehung, der Geschichte und der Geographie zu ihrem Hinterland bestimmt war. Die USA warfen sich mit der Monroe-Doktrin schon vier Jahre nach dem Erwerb von Florida und sieben Jahre bevor der Kontinent ganz besiedelt war, zur Führungsmacht der westlichen Hemisphäre auf und steckten schon einmal vorläufig in Worten eine Hegemonie über den südlichen Kontinent ab, obwohl es die eigene Stärke noch nicht erlaubte, den Worten Taten folgen zu lassen. So stellten z.B. die - zwar gescheiterten - Versuche Frankreichs 1823 im Auftrag der Heiligen Allianz (Österreich, Preußen, Rußland, Neapel, Sardinien) das eben unabhängige Lateinamerika wieder zurückzuerobern und dort ihr Handelsmonopol zu errichten, vor allem aber die Besetzung der Falkland-Inseln (Malvinas) durch Großbritannien 1833 einen eklatanten Verstoß gegen die Monroe-Doktrin dar.[323]

"Eifersüchtig sahen die Amerikaner zu, wie die Briten[324] vor allem in Lateinamerika Handel und Wandel nach ihren Geschäftsinteressen lenkten"[325] und - kaum war die Unabhängigkeit von der spanischen Kolonialherrschaft errungen - ein Handelsmonopol in Lateinamerika errichtetet hatten. Vor allem seit den 40er des 19. Jahrhunderts begannen die USA unter Präsident Polk den britischen Einfluß in der Region zu reduzieren, aber noch 1880 hatte Großbritannien in Lateinamerika einen Riesenvorsprung, sowohl was Investitionen in Staatsanleihen, als auch Wirtschafts- und Schiffahrtsunternehmen, Banken, Minen und Eisenbahnen anlangt.[326]

Die USA wußten, daß keineswegs das freie Spiel der Marktkräfte, wenn man sie nur läßt, und die rückhaltlose Öffnung zum Weltmarkt von selbst die von ihnen gewünschten ökonomischen Erfolge produzieren würden, sondern daß die politische Gewalt eine erfolgreiche Produktion für den Weltmarkt herbeizwingen muß, wenn sie zustande kommen soll, daß die Einführung des Kapitalismus also keine "Liberalisierung" ist.[327] Sie war es nicht bei der "ursprünglichen Akkumulation" der Produktionsmittel sowie der Abschaffung der bis dahin bestehenden Dorfwirtschaft durch die *Bills for Enclosure of Commons* (Gesetze zur Einhegung der Gemeindeweiden) und der damit einhergehenden Proletarisierung der Landbewohner im England des 18. Jahrhunderts;[328] und sie ist es schon gar nicht für eine Nation (wie die Vereinigten Staaten von Amerika), die sich die Reichtümer eines zum Teil schon besetzten Weltmarkts zugänglich machen will und nur durch dauerhafte Außenhandelserfolge einen Einstieg schaffen kann. Die USA waren sich der Tatsache bewußt, daß keines der Gesetze der "freien Marktwirtschaft" von selbst wirkt und dafür sorgt, daß das private Unternehmertum automatisch auch den Staat bereichert und die nationalen Mittel mehrt. Deshalb haben sie erstens alle "Entwicklungsschritte" und Elemente ihrer Weltmarktstrategie politisch angeordnet, zweitens zum Funktionieren verpflichtet und drittens hinterher auf ihren Effekt begutachtet. Darüber hinaus haben sich die Vereinigten Staaten angesichts ihres "Entwicklungsrückstandes" im Vergleich zu ihren technologisch fortgeschrittenen Konkurrenten in Europa deren Reichtumsquellen als Mittel ihres Fortschritts erschlossen. So wurden schrittweise die Bedingungen für einen erfolgreichen Kapitalismus in den USA geschaffen.[329]

Das vorrangige US-Interesse in der Karibik hatte im 19. Jahrhundert in Plänen zur Errichtung eines zentralamerikanischen Kanals unter US-amerikanischer Kontrolle bestanden, um den umständlichen Seeweg von der Ost- zur Westküste um zwei Drittel abzukürzen und so den US-Streitkräften und Handelsbooten den Zugang vom Atlantik zum Pazifik zu ermöglichen. Sobald die USA auch über die dazu nötigen Gewaltmittel verfügten, haben sie - für den Fall, daß die politische Drohung den gewünschten Erfolg nicht gewährleistete - immer wieder mit Krieg kalkuliert.[330] Der Sieg der USA im spanisch-amerikanischen Krieg, dem *"splendid little war"*, eliminierte den Rest spanischen Einflusses in der Hemisphäre, und mit dem Platt-Amendment sicherten sich die USA den freien Eintritt nach Kuba, sowie mit der Marine-Basis in Guantánamo "den Schlüssel zur Karibik und zum Golf von Mexiko"[331]. Die von den USA in Szene gesetzte Abspaltung Panamas von Kolumbien 1903 ermöglichte den exklusiven Zugriff auf ein Drittel des panamesischen Staatsgebietes und auf den Panamakanal (ohne lateinamerikanische Mächte vor Ort, vor allem aber ohne Großbritannien) sowie seine Befestigung durch US-Soldaten - und machte so aus den USA eine Seemacht mit einer Durchfahrt von der Karibik zum Golf von Mexiko. Noch vor dem Ende des 19. Jahrhunderts arbeiteten sich die Vereinigten Staaten mit dem Aufbau einer Flotte moderner Schlachtschiffe auf den dritten Platz unter den Seemächten vor.[332] 1895 konnte der Außenminister Olney sagen: "Heute sind die USA praktisch souverän auf diesem Kontinent, und ihr Wille ist Gesetz für die Subjekte, zwischen denen sie vermitteln."[333]

"Ökonomisch standen die USA spätestens 1890 [gegenüber Lateinamerika] als "Koloß im Norden" da"[334] (obwohl sie erst nach dem Ersten Weltkrieg den richtigen Aufstieg zum "Wirtschafts- und Finanzimperium"[335] machten): Den Vereinigten Staaten ist es gelungen, den Weltmarkt zu ihrem Vorteil zu benutzen und ihren Reichtum auswärts als Hebel einzusetzen, um seiner Vermehrung auch verfügbare Quellen außerhalb ihres Hoheitsgebietes zu erschließen. Aus der bloßen Existenz des US-amerikanischen Staates, seiner ökonomischen und militärischen Macht, leiteten alle verantwortlichen US-Politiker und Pamphletisten das "natürliche" Recht der USA ab, ihren südlichen Nachbarn als Vormacht gegenüberzutreten. Oberstes Ziel und Absicht der USA in Lateinamerika war es, die neu erworbene Souveränität der südlichen Nachbarstaaten auf sie als neue Weltmacht hinzuorientieren und soweit wie möglich von ihr abhängig zu machen. In den südamerikanischen "Partner"-Ländern sollte eine von den USA bestimmte und kontrollierte Staatlichkeit auf die Beine gestellt werden, noch bevor diese aus ihrer alten Einbindung entlassenen Länder eine feste nationale

Wirtschafts-, Außen- und Sicherheitspolitik entwickelt hatten. Als konkurrenzlos überlegene Macht wollten die USA die lateinamerikanischen Staaten möglichst alternativlos an einer US-amerikanischen Richtlinienkompetenz ausrichten, ihnen als überregionale Weltmacht ihre jeweilige Rolle zuweisen.[336]

So folgten auf das Geld und die Waffen, mit denen sie die Befreiungskämpfe unterstützt hatten, bald die diplomatischen Vertretungen und die *United Fruit Company*. Mit Handels- und Pachtverträgen wurden die jungen Staaten an die USA gebunden. Im Gegensatz zum Raub an Bodenschätzen und Agrarprodukten durch Spanien und Portugal wurde den Eliten vor Ort jetzt ein anderes Angebot gemacht: der Verkauf dieser Naturschätze an US-Gesellschaften bzw. ihre Förderung durch US-Gesellschaften unter Beteiligung der lateinamerikanischen Eliten. Die *United Fruit Company* wurde zum wichtigsten Großgrundbesitzer Mittelamerikas und beherrschte mit ihren Tochtergesellschaften den Eisenbahn- und Seetransport. In Mexiko, Costa Rica und in Kolumbien wurden im letzten Jahrzehnt des 19. Jahrhunderts entlang der Atlantikküste von US-Gesellschaften Eisenbahnlinien gebaut, sowie Schiffahrtslinien eingerichtet und die nötigen Bankverbindungen unter US-Kontrolle etabliert. So ergriffen die USA vom "angestammten Kontinent" also endlich richtig Besitz. Alle Anstrengungen der mittel- und südamerikanischen Souveräne, ihre eigene "nationale Würde" hochzuhalten, relativierten sich seither fortwährend an den Entscheidungen und Stellungnahmen Washingtons.[337]

Die USA wußten, daß der Einsatz des Staates auch außerhalb der eigenen Staatsgrenzen unerläßlich ist, sollen die Mittel der Akkumulation nicht auf die natürlichen Reichtümer des eigenen Staatsgebietes reduziert bleiben. Die Anerkennung anderer Staaten ist dabei die Voraussetzung dafür, fremde Herrschaftsgebiete mit den in ihnen hervorgebrachten Reichtümern als Quellen der nationalen Bereicherung zu behandeln. Dem entsprechend besteht die Vorgangsweise einer modernen imperialistischen Macht nicht in der Zerschlagung fremder Souveränität, also in der Rückkehr zur Annexion des fremden Landes, sondern in der Funktionalisierung der dort bestehenden politischen Herrschaft. Was einmal als "Dollar-Imperialismus" (von Historikern zwischen der ersten Panamerikanischen Konferenz 1889 und der sechsten 1928 situiert) kritisiert wurde, hat(te) seine Realität darin, daß die USA darüber stark wurden und blieben, daß sie auf die militärische Eroberung Südamerikas "verzichteten" - zu Gunsten einer "friedlichen Eroberung" mittels Waren- und Kapitalexport. "Statt den Nachbarn südlich des Rio Grande eine formelle Kolonialverwaltung aufzuoktroyieren, die nur unnötig Geld verschlang und Heere von Beamten wie Soldaten in Atem hielt"[338], verfolgten die USA einen "modernisierten Imperialismus", der ohne eine eigene, vor Ort stationierte Kolonialarmee unterhalten zu müssen, alle ökonomischen und politischen Vorteile auf seiner Seite hat.[339] Man überließ den lokalen Parteien und politischen Führern die Herrschaft, insofern und solange sie die Erfüllung der US-Interessen zu ihrem eigenen Anliegen machten. Unter Anerkennung der Souveränität der lateinamerikanischen Staaten wurde ihre Unterordnung verlangt. So blieb ihre Souveränität formell und bildete gar nicht die wahre Grundlage für ihre staatlichen Ambitionen und was daraus geworden ist.

Die USA haben diese Weltgegend ihren Geschäftsleuten erschlossen und vom Weltmarkt abhängig gemacht. Die betroffenen Staaten wurden durch die Stiftung ökonomischer Abhängigkeiten und durch politische Einflußnahme benutzbar und erpreßbar gemacht. Der Export von Dollarscheinen zog den Einsatz von US-amerikanischen *marines* nach sich: Souveräne wurden ein- oder abgesetzt, wo sich enttäuschter Nationalismus als Resultat der neuen Abhängigkeiten regte. Überall wo ihr Einfluß den USA auch nur partiell gefährdet schien, setzten diese die entsprechenden militärischen Mittel ein, um ihn wieder herzustellen bzw. die Ehre der Vereinigten Staaten zu retten, "zum Schutz amerikanischen Lebens und Eigentums"[340] - wie die Interventionsformel lautete - oder wie Präsident Coolidge 1927 erklärte: "Die Person und das Eigentum eines [US-] Staatsbürgers sind Teil der Nation, auch wenn sie sich im Ausland befinden."[341]

Die ständige Gegenwart der Intervention sorgte dafür, daß Zuwiderhandlungen nicht gerade überhandnahmen. 1904 ergänzte Theodore Roosevelt die Monroe-Doktrin um eine historische *corollary* (Zusatz), welche die Lateinamerikapolitik der USA bis 1936 (bis zu Franklin Roosevelts "*Good Neighbour Policy*") bestimmte: Sie wurde oft als "Doktrin des Big Stick" bezeichnet und kritisiert und später auch als "Politik der großen Garotte" gebrandmarkt, also nach jenem "Marterinstrument...[benannt], das dem Delinquenten nach und nach die Luft abdreht".[342] In der *Roosevelt Corollary* räumten sich die USA das Recht ein, Polizeigewalt über die südlichen Nachbarn auszuüben, falls diese Eigentum und Leben ihrer Investoren nicht ausreichend schützten, und beanspruchten so das Interventionsrecht exklusiv für sich. So waren seit dem spanisch-amerikanischen Krieg Interventionen gang und gäbe - bis 1933 insgesamt 36 an der Zahl. Aus fünf lateinamerikanischen Ländern (z.B. Haiti) machten die USA

- der *Roosevelt Corollary* entsprechend - US-amerikanische Finanzprotektorate: Das heißt, die *marines* landeten, brachten die Zollämter unter US-amerikanische Kontrolle und führten das Kriegsrecht ein.[343] Lateinamerika wird so zu einer für Europa nur begrenzt wichtigen "Hinterhof"-Region der USA, einer strategisch und ökonomisch vergleichsweise unbedeutenden Ansammlung von Staaten.

Für Nationen wie für die lateinamerikanischen Staaten, die den Weltmarkt nicht beherrschen, sondern sich an den Profitmaßstäben und den politischen Handelsregelungen bewähren müssen, die andere vorgeben, bedeutet(e) die Eingliederung in den Weltmarkt nur allzuoft den nationalen Ruin. Den Akteuren des Weltmarkts die Landesprodukte sowie Land und Leute als Investitionsgelegenheiten anzubieten - das hat ihnen wie den meisten "Entwicklungsländern" weder nationalen Reichtum noch politische Größe gebracht, sondern sie zu Absatzmärkten, Rohstofflieferanten und zum "Hinterhof" der kapitalistischen Hauptmächte degradiert. Sie haben sich den Gesetzen und politischen Erpressungen durch die einschlägigen Staaten gleich so ergeben, daß ein nationaler Aufbau gar nicht mehr im Ermessen der politischen Führung lag, sondern von Entscheidungen ausländischer Unternehmer und Regierungen total bestimmt war: Was sich lohnte produziert zu werden, blieb dem Urteil des Weltmarkts überlassen. Die Länder Lateinamerikas wurden auf die Rolle von Zuckerrohr-, Bananen-, Kaffee- und Tabakplantagen im Dienste von US-Konzernen festgelegt.

> Die Latifundien breiteten sich in den fruchtbaren Ebenen aus. Die Minifundisten mußten dagegen.....immer weiter in die Berge zurückweichen, um dort auf kargen Böden Bohnen, Mais und Weizen in Mengen anzubauen, die zuviel zum Sterben, aber auch zuwenig zum Leben waren.[344]

Die lateinamerikanischen Staatsgewalten leben davon, daß eine Oligarchie von Grundbesitzern mit dem Anbau und Export von klimatisch begünstigten Agrarprodukten oder der Förderung von Rohstoffen ihre Geschäfte im Welthandel abwickelt: Immer wieder mußte die Herrschaft der betroffenen Länder, die sich der Ausfuhr von Zucker, Kaffee und Kautschuk als der Quelle auch ihres Reichtums annahm, zusehen, wie dem jeweiligen Boom, die Flaute auf den Fuß folgte, hingen (und hängen) doch die monokulturell ausgerichteten Ökonomien Lateinamerikas "wie an einem seidenen Faden"[345] am Verkauf ihrer Rohstoffe und landwirtschaftlichen Produkte.

Der Reichtum von dem die lateinamerikanischen Souveräne existieren, ist die zugestandene Teilhabe am Reichtum auswärtiger Mächte: Zusammen mit ihren wirtschaftspolitischen Eliten erhalten sie ihr Salär dafür, daß sie die Geschäftsrichtlinien der Metropolen befolgen und das Land mit seinen Rohstoffen und Anlagesphären für den Bedarf des Wachstums der Industrienationen bereithalten und zur Verfügung stellen. Sie sind an diesen Geschäften beteiligt und mit anteiligen Gewinnen versehen.[346] Die ökonomisch bestimmende Klasse ist identisch mit Staat, Politik und Regierung. Sie tritt sich üblicherweise in diversen Klientelparteien gegenüber, wobei im allgemeinen Einigkeit in den grundlegenden Fragen der Wirtschafts-, Außen-, und Sicherheitspolitik besteht, Uneinigkeit jedoch darüber, wer in den Genuß von Reichtum und Macht kommt, die bei der Ausbeutung der natürlichen Ressourcen anfallen. Die Austragung solcher Streitereien mit Waffengewalt bis hin zum Militärputsch betrifft die Bevölkerung nicht weiter, basieren doch die Gegensätze immer auf dem Konsens, daß man den Machtkampf unter sich austrägt. So einigen sich die verschiedenen politischen Fraktionen mit den Offizieren immer wieder auf dieser Grundlage.[347]

Mit ihren Todesschwadronen sorgen die ausführenden Souveräne bzw. ihre wirtschaftspolitischen Eliten dafür, daß der kleine Teil des Volkes, der für den Anbau von Agrarprodukten und für den Abbau von Erzen gebraucht wird, seinen Dienst auch für einen "Hungerlohn" tut. Der andere größere Teil des Volkes, der dafür nicht benötigt wird, soll eingeschüchtert stillhalten, obwohl er von dem Landbau auf den unfruchtbaren Böden, die für den Anbau der Exportprodukte ungeeignet sind, immer weniger leben kann. Werden die anfallenden Unkosten für diverse Haushaltsposten wie Infrastrukturmaßnahmen oder die gewaltsame Niederhaltung der Bevölkerung etc. für die "Bourgeoisien" vor Ort zu hoch - was der Normalfall ist -, steht ihre Kreditierung durch den mächtigen Nachbarn im Norden an.

Schon durch die Verwandlung von Lebensmitteln in Waren war die ganze Gesellschaft auf Geld und Gelderwerb festgelegt und viele Menschen aus ihrer bäuerlichen Subsistenzwirtschaft herausgerissen worden. Auf diese Weise hat ein großer Teil der Bauernschaft den Übergang in den Status einer Masse eigentumsloser Arbeitskräfte vollzogen (bzw. vollzieht ihn noch), unabhängig davon, daß das Kapital, das sie anstellen würde, gar nicht vorhanden ist. So werden die absolute Armutsbevölkerung, die zu einem wachsenden Teil in die Städte abwandert, und die industrielle Reservearmee beständig vermehrt.

Die Bevölkerung Lateinamerikas ist nur zu einem sehr kleinen Teil für das ausländische Interesse an der ökonomischen Benutzung des Landes - dem gewinnbringenden Anbau von Plantagen und dem Abbau von Bodenschätzen - von Nutzen. Die lateinamerikanischen Regierungen können deshalb nur mit einem Teil ihres Volkes etwas anfangen, ihn ausbilden und auf Plantagen, in Minen und den industriellen Enklaven einsetzen. Die Benützung der in diesen Staaten lebenden Menschen stellt keineswegs die Grundlage der Ökonomie dar. Von Interesse sind sie meist nur als Hindernis für die Explorations- und Abbautätigkeit ausländischer Konzerne. Deshalb stellen Ausbildung und medizinische Versorgung tote Kosten für die betroffenen Staaten dar. Die lateinamerikanischen Regierungen treten einem Teil ihrer Staatsbürger deshalb auch hauptsächlich als destruktive Gewalt gegenüber, die herkömmliche Lebensweisen ruiniert, ohne für Ersatz zu sorgen, aber dennoch bedingungslose Fügsamkeit fordert und nach Kräften erzwingt.[348]

II. Der Zweite Weltkrieg - ein Testfall für die „Gute Nachbarschaft" in der Hemisphäre

Unter den Vorzeichen der faschistischen Gefahr beschlossen die USA, über die laufende militärische Kooperation hinaus, die Einbindung der lateinamerikanischen Armeen in Angriff zu nehmen. Während des Zweiten Weltkriegs konnte die USA die lateinamerikanischen Staaten - auch jene Staaten wie Argentinien, die starke Verbindungen zum "Deutschen Reich" und vor allem zum faschistischen Italien hatten - als Verbündete gegen die Achsenmächte gewinnen bzw. neutralisieren. Zahlreiche lateinamerikanische Staaten unterstützten die USA mit See-, Land- und Luftstützpunkten, sowie Rohstoffen und landwirtschaftlichen Produkten für den *US Board of Economic Warfare*, wobei den Gewinn in der Regel nordamerikanische Firmen einstrichen. Tausende Mexikaner traten in die US-Armee ein, und Brasilien sendete im Juli 1944 ein Expeditionskorps mit den Alliierten nach Italien. 1942 wurde in Rio de Janeiro ein gemeinsamer Verteidigungsrat, der *Inter-American Defense Board* - die Grundlage des späteren Rio-Vertrags von 1947 (*Inter-American Treaty of Reciprocal Assistance*) -, gegründet. Geostrategisch betrachtet, vergrößerte die USA so ihr Operationsfeld bis nach Südamerika; militärpolitisch wurde diese Region als Teil des US-Militärraums einkalkuliert.[349]

III. Lateinamerika im Zeichen der Ost-West-Konfrontation

Selbst der größte Krieg aller Zeiten hat die USA nicht geschwächt, sondern sie im Gegenteil zum Gläubiger der restlichen Staatenwelt erhoben. Die früheren Konkurrenten - die gegnerischen wie die alliierten - waren nach dem Ende des Zweiten Weltkrieges ruiniert; die USA hingegen waren die einzige Macht, in der die kapitalistische Produktionsweise den Krieg hindurch ungerührt weiterfunktioniert und sogar ein riesiges Wachstum erfahren hatte.

Das Geld der USA, der Dollar, hatte so als einziges Weltkrieg und Weltmarktkrise ohne Entwertung überstanden. Dollars waren das einzige Geld, das sich für Kapitalisten zu verdienen lohnte und um das Staaten als Kredit nachsuchten. Die alten Kolonialmächte hingegen waren total an die USA verschuldet, und die Verlierernationen hatten ohnehin die Souveränität über ihr Geldwesen an das Militärregime der Sieger abgetreten. So wollte die Geschäftswelt aller Kontinente, auch der "armen Staaten", gerne in die USA verkaufen und "stabiles" Geld verdienen; und die ganze Welt war interessiert an US-amerikanischen Waren, die man ja nur gegen Dollars bekommen konnte.[350]

Die nach zwei Weltkriegen erreichte Aufteilung der Welt wies eine Besonderheit auf: Gegen die im sowjetischen Ostblock ausgemachte überragende Bedrohung der westlichen Staatsraison und ihrer Notwendigkeiten - durch eine nicht integrierbare und nicht auszuschaltende Gegenmacht - haben sich die westlichen Weltkriegsalliierten mit den Verlierern zu einem Bündnis nach US-amerikanischen Maßgaben zusammengetan. Dieses Bündnis hat die "Politik der Abschreckung" als gemeinsame Sache organisiert und ist als "freier Westen" in die Geschichte eingegangen. Allen an dieser Staatengemeinschaft beteiligten Nationen wurde dabei zugleich ein eigenes Recht auf den Kampf um ökonomischen Erfolg gegeben, wobei die Erfolge, die sie dabei zu verzeichnen hatten, höchst unterschiedlich waren. Die "Ordnung" der Welt in zwei große verfeindete Systeme verstärkte die Führungs- und Vormachtrolle der USA, die es ihnen erlaubte, ihren Erfolgsanspruch (fast) weltumspannend zu definieren und durchzusetzen, eben weil sich alle Konkurrenten als "Partner" im Systemgegensatz unterordneten - aus eigenem Interesse. Die nationalen Interessen der westlichen Partner waren in aller Form hinter den gemeinsamen Anspruch zurückgestellt, die ganze Welt zu einer Sphäre der Freiheit für kapitalistische Betätigung überhaupt zu machen, deren Regierungen sich zum demokratischen Lager bekannten - wie auch immer das Innenleben ihrer Regimes beschaffen war. Den Grund für diese Politik lieferten die nicht ganz erfolglosen Bemühungen der

Sowjetunion, eine Alternative nicht innerhalb des Systems der Staatenkonkurrenz, sondern gegen die Prinzipien des Weltmarkts und der darauf bezogenen Ordnungs- und Sicherheitspolitik der demokratischen Mächte zu sein und für alle übrigen Nationen zu eröffnen.[351]

Was immer es aus welchen Gründen auch immer an Instabilität, Spannung und Konflikt gab, war als Teil des großen Ringens und als Front in der fast weltumfassenden Bekämpfung der Sowjetunion definiert; und dementsprechend wurde gehandelt: unterstützt oder interveniert, ein Putsch in Auftrag gegeben oder eine Opposition niedergeschlagen. Die USA trugen den Ost-West-Gegensatz auch nach Lateinamerika hinein: Auf der 9. Internationalen Konferenz Amerikanischer Staaten in der kolumbianischen Hauptstadt Bogotá 1948 wurde in der Resolution XXXII die Unvereinbarkeit des Marxismus-Leninismus mit dem inter-amerikanischen System festgehalten - ebenso später auf der OAS-Versammlung 1962 in Punto del Este, Uruguay, wo deshalb auch die seit 1959 bestehende Revolutionsregierung Kubas wegen dieser Inkompatibilität "von der Teilnahme am inter-amerikanischen System" ausgeschlossen wurde.[352]

> "Die Sicherheit und Freiheit Zentralamerikas sind unentbehrlich für unsere Freiheit. Zwei Drittel unseres Außenhandels werden überdies durch den Karibischen Raum und den Panama-Kanal abgewickelt. Jedoch wird die gesamte Region stark bedroht durch kommunistische Expansion, die von Kuba und der SU ausgeht und unterstützt wird. Wir unterstützen die Prinzipien der Monroe-Doktrin als die stärkste Basis der amerikanischen Politik in der gesamten Hemisphäre."[353]

Die USA legten Kriterien weltweiten Ursprungs an die Region an, die mit dieser äußerst wenig zu tun hatten. Im Zeichen der großen Konfrontation war so auch in Lateinamerika grundsätzlich jeder Staat - auch der ökonomisch und politisch bedeutungsloseste - samt inneren Verhältnissen, im "guten" oder "bösen" Sinn, Gegenstand eines weltpolitischen Interesses und entsprechender Betreuung. Lateinamerika erfuhr so unter der Perspektive der Konfrontation mit der Sowjetunion eine Aufwertung.

Wo die Kontrolle einer Zone US-amerikanischer Sicherheit oberster Zweck ist, kommt Souveränität - im Sinne wie sie für die USA selbstverständlich ist - nicht in Frage; es sei denn als von den USA kontrollierte, sogenannte "begrenzte Souveränität", wie die ausdrückliche Formulierung unter den Präsidenten Kennedy und Johnson lautete. Die Zuständigkeit der USA für die mittelamerikanischen Staaten läßt nationale Eigenstaatlichkeit nur soweit zu, als sie als Mittel für die USA tauglich ist. Die Souveränität der von den USA abhängigen Staaten in Lateinamerika hatte (gerade auch während der Ost-West-Konfrontation) darin zu bestehen, sich die Sicherung der US-Interessen (einschließlich der Sicherung der nationalen Sicherheit der USA) zur eigenen nationalen Aufgabe zu machen.

Mit der ideologischen Lagebeurteilung einer kommunistischen Bedrohung versuchten die verantwortlichen Politiker in Washington die lateinamerikanischen Staaten militärpolitisch handhabbar zu machen. Im Artikel 6 des *Inter American Treaty of Reciprocal Assistance*, des sog. Rio-Pakts, wurde den USA ein Interventionsrecht in diesen Ländern eingeräumt: Falls "die Souveränität...eines amerikanischen Staates angetastet" wird - auch "durch eine Aggression, die nicht als bewaffneter Angriff anzusehen ist", oder durch "irgendeine andere Situation, die den Frieden Amerikas gefährden" könnte -, soll sofort das Konsultationsorgan zusammentreten, um Maßnahmen dagegen zu unternehmen.[354] Mehr als zwanzig Mal traten die amerikanischen Außenminister und Militärs seither (1948) unter Berufung auf den Rio-Pakt in Aktion.[355] Oft wurden militärische Schritte Washingtons als gemeinsame amerikanische Hilfsaktion aller Staaten des Kontinents bemäntelt, z.B. im Rahmen der OAS, der "Organisation amerikanischer Staaten", die 1948 aus der *Pan American Union* hervorging und ihren Sitz nicht zufällig in der Hauptstadt der Vereinigten Staaten hat. Auch im Dokument Santa Fe II (1988)[356] wird die OAS wieder "als ein Forum, wo die USA der ganzen Region kontinuierlich ihre Gesichtspunkte nahebringen können", gepriesen, sofern sie mit finanziellen Mitteln ausgestattet und "auf den richtigen Weg geschickt"[357] wird. Ein weiteres Instrument der US-Außenpolitik war die von Präsident John F. Kennedy nach der Kubanischen Revolution in Lateinamerika etablierte "Allianz für den Fortschritt", die "Aufbau"-Hilfe für einzelne, besonders kooperative Regierungen der Region vorsah und 1970 beendet wurde.[358]

Argentinien, Brasilien, Chile, Kolumbien und andere Staaten, die über nennenswerte Streitkräfte verfügen, wurden von den USA in ihre strategischen Überlegungen und Übungen einbezogen. Auch die Andenregion sollte politisch loyaler Stützpunkt bleiben. Mit der Gründung des Zentralamerikanischen Verteidigungsrats CONDECA 1962 - bestehend aus Guatemala, Honduras, Nicaragua und El Salvador - sollte unter US-Aufsicht und mit US-Ausbildung ein "zweites Kuba" in der Region verhindert werden.[359]

Daß den USA die militärische und sicherheitspolitische Kontrolle in Lateinamerika exklusiv zustand, war unter den westlichen Führungsmächten Konsens.

> The United States has a profound interest in the future of Latin American societies....It is the United States' national interest that there exist in its hemisphere stable, friendly, prosperous nationstates that permit the free movement of goods and services in and through the region, and that no hostile foreign powers exercice influence there.....it is important that values that the Unites States shares prevail in the hemisphere;...No Latin American country is going to attack the United States. That is clear. However, it has been the United States' historical concern to prevent powers from outside the hemisphere from establishing a base of power or influence within the region.[360]

Die wirtschaftlich ruinierten und politisch bedeutungslosen lateinamerikanischen Staaten, zumal in ihrem ausschließlichen Zuständigkeitsbereich, sollten sich bei der Aufsichtsmacht nicht störend bemerkbar machen und ihr Lasten ersparen.

Der Kampf der weltpolitischen Blöcke um politische und strategische Positionen auf dem ganzen Globus war für das Regime mancher "Drittwelt"-Staaten, auch wenn sie sonst gar nichts an Rohstoffen und Agrarprodukten zu bieten hatten, eine gewisse Überlebensgrundlage. Der Westen wollte auch ökonomisch völlig uninteressante Regionen durch ihm passende Staatsgewalten gesichert wissen: Jene unter den lateinamerikanischen Staaten, die nicht über wesentliche Naturstoffe verfügen, haben sich von dem finanzieren müssen, was ihre politische Betreuung dem Westen oder auch dem Osten an Waffen- und anderen "Hilfen" wert war. So war die eigentliche Grundlage vieler lateinamerikanischer Regimes nicht der Verkauf der Naturschätze des Landes, sondern das Interesse der USA, ihren "Hinterhof" nach dem Erfolg Castros in Kuba von weiteren sozialrevolutionären Bewegungen frei zu halten. Die USA machten manchem Diktator das Angebot, seine Herrschaft zum antikommunistischen Bollwerk auszubauen, wenn er sich in die - seit der kubanischen Revolution 1959 gebildete - antikubanische Front einreihte und finanzierten ihm den Großteil seines Staatshaushaltes, da wo die schrumpfenden Exporterlöse für Erze, Zucker oder Kaffee die notwendigen Kosten der Herrschaftssicherung kaum mehr abdeckten und beinahe nur noch für die Luxusbedürfnisse der herrschenden Familien reichten. Ein verläßliches Regime sollte sich dort halten - gegen alle letztlich von der feindlichen Weltmacht ausgerüsteten inneren Feinde und Nachbarn. Solange diese Machthaber ein Gegengewicht zu sowjetischen

Stützpunkten bildeten, war es nicht weiter störend, wie sie im eigenen Land regierten.

Die Eindämmung des Kommunismus war ein Auftrag, den die USA in Lateinamerika am sichersten bei den alt bewährten Kräften - den bekannten Diktatoren (wie Turbay in Kolumbien oder Banzer, den Vertrauensmann der USA in Bolivien), den herrschenden Familien (gleichbedeutend mit "der Wirtschaft") und den Militärs aufgehoben sahen.[361] Die Leistung der Diktaturen bei der Aufrechterhaltung von Ruhe und Ordnung wurde voll gewürdigt. Sie wurden dabei in angemessener Weise unterstützt: Nicht zuletzt die USA waren es, die den diversen Generälen mit der Ausbildung von Antiguerilla-Einheiten und brüderlicher Hilfe des CIA (*Central Intelligence Agency*) dabei assistiert haben, den "Terrorismus" in Argentinien, Chile, Uruguay oder Venezuela endgültig auszuschalten. Der Zerschlagung des Widerstands durch die mit neuen Freiheiten ausgestatteten Diktatoren wie Somoza in Nicaragua fielen Zehntausende von mehr oder weniger aufständischen Zivilisten zum Opfer - streng nach den Regeln der Charta der Vereinten Nationen und im Einvernehmen mit den USA.

Der Rest des Kontinents wurde daraufhin begutachtet, inwiefern er noch nicht so vorbildlich "entwickelt" war. Insbesonders in Mittelamerika entdeckten die USA die Existenz von zwei bis drei Unruheherden, die mit neuer Entschlossenheit zu bekämpfen waren. In Guatemala im Jahr 1954 und in El Salvador 1960/61 durfte nach US-amerikanischem Entschluß ein Sieg der Opposition über die Militärjunta unter keinen Umständen zugelassen werden.[362] Die Zusammenarbeit auf militärischem Gebiet bestand auch hier in der Ausbildung von Spezialisten für den Kampf gegen die Guerilla in diesen Ländern: US-amerikanische Spezialisten mit Vietnam-Erfahrung bildeten in ihrer Schule in Panama Guerillabekämpfungs-Einheiten aus und leiteten die Operationen gegen die Aufständischen. Für die US-amerikanischen Spezialeinheiten war und ist Südamerika ein ständig zur Verfügung stehendes Trainings- und Erprobungsgelände.

Der Einsatz der Dollars bestimmte sich nach den Kriterien der politischen Zuverlässigkeit und militärischen Brauchbarkeit der lateinamerikanischen Regimes. Entwicklungshilfe leisteten die USA vor allem in Form der Investition von US-amerikanischem Kapital, und das auch nur dann, wenn die betroffenen Staaten die letzten gesetzlichen und tarifären Hindernisse aus dem Weg räumten: In diesem Sinne verlangten die USA die formelle Aufgabe der sogenannten

Calvo-Klausel des internationalen Rechts, nach der für ausländische Unternehmen bei Streitfällen die jeweilige inländische Gerichtsbarkeit zuständig ist. Die beste ökonomische Entwicklung war immer die, die dem US-amerikanischen Kapital Tür und Tor öffnete; Hauptbestandteil der Witschaftsabkommen waren deshalb Steuererleichterungen für US-Firmen, die in Lateinamerika investieren wollten. Ihre Kooperation mit den USA im Kampf gegen den Kommunismus hat den lateinamerikanischen Staaten bei ihren Währungs- und Zahlungsbilanzproblemen zwar Kredit gesichert, die Länder aber nicht saniert, sondern zum bleibenden Betreuungsfall gemacht, dessen wirtschaftspolitische Souveränität keineswegs zunahm, sondern ständig beschränkt blieb.

Zur Begründung für die US-Unterstützung wurden bei Bedarf die bereits erwähnten Funktionen aufgeführt, die die lateinamerikanischen Staaten für die Führungsnationen der NATO hatten; diese Funktionen rechtfertigten die Toten, Verschleppten und Gefolterten, für die so mancher Souverän in Lateinamerika verantwortlich zeichnete, frei nach dem Motto F. D. Roosevelts: "He's a bastard, but he's our bastard" (geäußert über A.Somoza). Damit die durchgesetzte öffentliche Moral dabei nicht durcheinandergeriet, übernahmen die westlichen Industrienationen ohne Umstände die "Terrorismus"-Definition, die die lateinamerikanischen Staaten ihren Feinden gaben. Es bereitete nicht viel Schwierigkeiten, befreundete Diktatoren richtig einzusortieren: Kaum hatten sie die Macht ergriffen und die "antikommunistiche Säuberung" ihres Landes in die Wege geleitet, stand auch schon die "Rettung der Demokratie" und "der Kampf um Freiheit, Gerechtigkeit und Demokratie"[363] als der Zweck ihres Eingreifens fest. Und wenn sich der "Weg zur Demokratie" in die Länge zog, so nur deswegen, weil die Feinde der Freiheit in so großer Zahl zu bekämpfen waren.[364]

In vielen Fällen hat der Westen in Asien, Afrika und Lateinamerika für dauerhafte Bürgerkriege gegen einen ihm nicht genehmen politischen Souverän gesorgt: Nicht genehm, weil er durch seine Beziehungen zu Moskau und Kuba dem westlichen Anspruch auf eine von ihm abhängige, antisowjetische Drittwelt entgegenstand. In solchen Fällen hat der Westen gegen Bemühungen dieser Art gerichtete Aufstände aufgestachelt, ausgerüstet und für seinen Kampf gegen die sowjetische Weltmachtposition instrumentalisiert ohne irgendein Interesse an den eigenen Zielen und Programmen dieser Oppositionen. Das hat die sozialistischen oder auch nur gesamtstaatlich denkenden Regierungen in einen endlosen Überlebenskampf gezwungen, der dank des auswärtigen Nachschubs nicht zu gewinnen war. Nicht nur jeder Versuch normalen Regierens wurde so verunmöglicht, sondern ihre Länder überhaupt vollständig ruiniert.

"Anstifter" wie Kuba und später das sandinistische Nicaragua wurden ausschließlich nach der Maßgabe behandelt, Außenposten von Moskau zu sein. Die Existenz von Kuba seit 1959 war letztlich der Beweis, daß auch in Lateinamerika der Kampf gegen die Sowjetunion mit aller Entschiedenheit geführt werden mußte. Anders als in der Dominikanischen Republik 1965 und in Chile 1973 hatten es die USA in Nicaragua - nach anfänglichen Versuchen in der OAS (Organisation Amerikanischer Staaten) eine Intervention in Nicaragua im Rahmen einer "*hemispheric military force*" durchzusetzen - nicht mehr darauf abgesehen, das Sandinistenregime auf "kaltem Wege" abzuservieren. Zur Durchsetzung eines "Somozismus ohne Somoza" wurden die *contras* gefördert und beraten.[365] Jede US-Intervention in ihrem "Hinterhof" fand selbstverständlicherweise im Namen der zu rettenden Demokratie oder anderer hoher abendländischer Werte statt. Oder in anderen Worten: Immer wenn eine US-Regierung verletzte demokratische Werte in dieser Region ausfindig gemacht hatte, war klar, daß der Ruf nach mehr Demokratie und Einhaltung der Menschenrechte die Chiffre für ein verletztes US-amerikanisches Interesse war.

VIERTES KAPITEL: BUSHS *WAR AGAINST DRUGS* IN DEN ANDEN - EINE ZEITGEMÄSSE SPIELART DES US-ORDNUNGSANSPRUCHES IN LATEINAMERIKA

I. Bushs „Neue Weltordnung“ und Lateinamerika: alte Führungsansprüche und neue Schwerpunkte

Mit dem Ende der Weltmacht Sowjetunion ist die alles bestimmende Konfrontation von zwei großen Blöcken mit fixen Kerngebieten, dazugehörenden Satelliten und erweiterten Einflußsphären entfallen: Die Berechnungen mit gewaltsam abzusichernden Bereichen eigener Zuständigkeit, mit geopolitischen und militärischen Vor- und Nachteilen, mit möglichen Feinden und potentiellen Konfliktsituationen haben jedoch noch lange kein Ende genommen. Das vor allen politischen und politökonomischen Interessen angesiedelte Denken in Zonen eigener und fremder Macht besteht auch noch nach dem Ende der Weltmacht UdSSR weiter. "Weltordnung" heißt der neue Titel der alten Mission der USA. Dieses Programm benennt ziemlich direkt das Prinzip der Kontrolle und Aufsicht über die Staatenwelt seit dem Ende des Bolschewismus.

Daß die Eindämmung des Kommunismus hinfällig geworden ist und der lateinamerikanische Kontinent ökonomisch darniederliegt, bedeutet nicht, er würde aus der Aufsicht der USA entlassen. Der Kampf gegen den Kommunismus während der Ost-West-Konfrontation war nur *ein* US-Interesse unter diversen anderen US-Interessen, für die Lateinamerika in der Vergangenheit ein Zugriffsgebiet war. Das Aufsichtsbedürfnis hat die Ost-West-Konfrontation überdauert. Seit der Selbstaufgabe der Sowjetunion geht es den USA bei der Kontrolle ihrer "Hemisphäre" nicht mehr in erster Linie um die Bekämpfung des Kommunismus als einer Bedrohung: Sie wollen vielmehr zu ihrer alten "Hinterhof"-Definition aus der Zeit vor der Konkurrenz mit der UdSSR zurückkehren; deshalb reklamieren sie eine Region wieder ausschließlich für sich, die unter dem Vorzeichen des Ost-West-Gegensatzes - als Teil der NATO-Einflußsphäre - allen NATO-Staaten zugänglich war. Mit dem Drogenkrieg in den Anden und der kompromißlosen Ablehnung und Isolierung Castros wollen die USA zugleich besiegeln, daß in ihrer Hemisphäre nicht nur die Sowjetunion nichts verloren hatte, sondern daß dort überhaupt keine anderen Mächte Einfluß gewinnen sollen.

Der Krieg gegen die Drogenproduktion in den Anden ist eine moderne Variante des US-Imperialismus in der Region. Innerhalb der Schwerpunkte der US-Lateinamerikapolitik haben in der Tat ein Einmischungstitel und eine Region die anderen abgelöst: "The Andes are now the focal point of U.S. concerns in the hemisphere."[366]

> Die [Bush-]Administration hat ihre Sicherheitsbedenken von den nationalen Befreiungsbewegungen in Zentralamerika hin zur Andenregion und den Gefahren des Drogenhandels verlagert...Der Realität der Ära nach dem Kalten Krieg entsprechend hat die Andenregion Zentralamerika als Schwerpunkt militärischer Aktivitäten der USA in der Hemisphäre überholt.[367]

Auch im *Informe Santa Fe II* steht Kolumbien mit Panama, Kuba, Mexiko und Brasilien als Schwerpunktland der US-amerikanischen Politik auf dem lateinamerikanischen Kontinent.[368] Kolumbien, Peru und Bolivien wurden darauf festgelegt, über den Zeitraum von 1990 bis 1992 mehr US-Militärhilfe zu erhalten, als ganz Zentralamerika zusammen. 1990 überholten Kolumbien und Bolivien El Salvador - den Hauptrezipienten von Militärhilfe in der Hemisphäre. Bolivien wird damit an Stelle von El Salvador neues Hauptempfängerland US-amerikanischer Militärhilfc.

II. Sortierung der Region gemäß dem nationalen Interesse der USA

Die Entscheidung des Präsidenten der Vereinigten Staaten, den Kampf gegen die Drogen im Innern der USA zu intensivieren, fällt mit einer Prüfung der Reichweite der US-Macht außerhalb ihres Territoriums zusammen: Wenn Bush beschließt, die Drogenkriminalität als ein Indiz für eine Infragestellung der US-Staatsmacht zu definieren, dann wird jedes Land daraufhin begutachtet, ob es die US-amerikanischen Anliegen (d.h. den Kampf gegen die Drogen) unterstützt. Die Weltmacht USA sortiert so die Souveräne der übrigen Staatenwelt - wie sonst auch - nach Kooperationsbereitschaft und -fähigkeit: in Verbündete, potentiell gefährliche Neutrale und gegnerische Souveräne.

Die grundsätzliche Unterscheidung zwischen Freund und Feind ist dabei längst getroffen: Prinzipiell befreundete Regierungen wie in Kolumbien, Bolivien und Peru werden von den USA zur besseren Kooperation gemahnt. Sie werden mit bleibenden Zweifeln an ihrer Verläßlichkeit konfrontiert, und zwar sowohl was ihre Fähigkeit als ihren Willen betrifft, die ihnen zugewiesene Rolle zu spielen. Anders sieht die Sache in einem Fall wie Noriegas, des faktischen Machthabers von Panama, aus, in dem die USA nicht mehr die geeignetste Besetzung ihrer Verwaltung des Panamakanals sehen. Drogenhändler aus böser Absicht - so lautet da der Vorwurf.

Regimes wie das sandinistische Nicaragua, Kuba (sowie auch revolutionäre Bewegungen wie der *Sendero Luminoso*), die der Westen zu Bushs Zeiten permanent als Feinde im Visier hat, werden als Drahtzieher des internationalen Drogenhandels "enttarnt", was zur Strategie der Zersetzung und Unterwanderung der Vereinigten Staaten, von der man bei ihnen sowieso ausgeht, passen soll.[369] Im *Informe Santa Fe II* ist von "mehr Verbrechen und Drogenhandel - bewirkt durch die Subversion"[370] die Rede. Schon im Dezember 1984 steht in der Wahlplattform der Republikaner zu lesen:

> Hinsichtlich der Verwicklung ausländischer Regierungen und besonders kommunistischer Diktaturen in den Handel mit Drogen sind wir einer Meinung mit dem amerikanischen Volk: Kuba, die SU, Bulgarien und seit neuem auch die Sandinisten in Nicaragua sind internationale Drogenhändler, die einen langsamen Tod an junge Amerikaner verkaufen, um unsere freie Gesellschaft zu untergraben.[371]

In diesem Sinne hatte sich der US-Präsident in seiner Fernsehrede vom März 1986 direkt an die Eltern des Landes gewandt: "Ich weiß, alle amerikanischen

Eltern werden zutiefst empört sein, wenn sie hören, daß höchste Regierungsmitglieder Nicaraguas tief im Drogenhandel verstrickt sind."[372]

Das so bedrohlich gezeichnete Feindbild wird dabei nicht auf seinen Wahrheitsgehalt hin überprüft. Die Feinde Amerikas sind bekannt: In diesem Fall sind es Drogenhändler, befördert und unterstützt durch feindliche Staaten. Die Nation sieht sich umgeben von einer Reihe von Staaten, die "antiamerikanische Aktivitäten" im Sinne haben und gegen die sie sich schützen muß. Daß Kuba und Nicaragua Mittelamerika in die Gewalt des Kommunismus bringen wollen, steht zu Beginn der Bush-Administration als Tatsache fest. Da die USA ihr Interesse als für die gesamte Staatenwelt gültige Verhaltensnorm definieren, versteht sich von selbst, daß es sich bei "Amerikas Feinden" nicht um Regierungen mit entgegengesetzten Interessen, sondern um "Unrechtsregimes" handelt. Weil die Vereinigten Staaten solche Staaten und ihre Aktivitäten ohnehin längst schon dem Verdacht subsumiert haben, ihnen Böses zu wollen, ist es nicht schwer, den Drogenhandel auf das gleiche Konto zu buchen:

> Nicaragua y Cuba, satélitos de los soviéticos en el hemisferio, se han involucrado en el comercio de drogas y han avanzado hacia relaciones de cooperación y posiblemente de dominio con las mafias de la droga en Colombia.[373]

So bestätigt und verstärkt der Kampf gegen das Drogengeschäft den aktuellen Kurs der US-Politik, gegen ihre Feinde härter und energischer zuzuschlagen. Die zeitgemäße Feindschaftserklärung der USA an Regierungen im Süden "ihrer Hemisphäre" heißt "Verfilzung mit der Drogenmafia".

Exkurs zur "Narco-Guerillatheorie"

Die sogenannte "Narco-Guerillatheorie" besagt, daß Linke in Lateinamerika mit der Drogenproduktion die Strategie der Aushöhlung, Schwächung und Unterwanderung der USA verfolgen.[374] Geprägt wurde der Begriff der "Narco-Guerilla" im März 1984 durch den damaligen US-Botschafter in Kolumbien, Lewis Tambs, einen engen Kollegen von North Carolina Senator Jesse Helms. Für Collett ist die "Narco-Guerilla" ein politischer Slogan und kein analytisches Modell.[375]

Schon zur Zeit der Reagan Administration warnte ein Bericht des *State Departments* und *Defense Departments* über den sowjetischen Einfluß in Lateinamerika vor einer "alliance between drug smugglers and arm dealers in support of terrorists and guerillas"[376]. Auch die Bush-Administration macht u.a. die Narco-Guerilla für die "innere Zersetzung" der USA verantwortlich. Daß Drogenbarone und linke Guerilleros eher entgegengesetzte Ziele verfolgen, ist dabei gleichgültig, weil man beiden Seiten das Gleiche übel nimmt, nämlich den vorgestellten Schaden, den sie den USA zufügen: Aus dem Betrachterinteresse der USA ergibt sich die Übereinstimmung von narcos und Guerilla. Das Konzept der "Narco-Guerilla" passe genau in die altbekannte Vision der von ausländischen Teufeln belagerten Vereinigten Staaten, aber sie verschleiere den wesentlichen Unterschied zwischen den Drogenhändlern und marxistischen Aufständischen, so Collett. Vor allem in Kolumbien sind Drogenbosse eher mit rechten paramilitärischen Todesschwadronen als mit linken Aufständischen assoziiert.[377] In Kolumbien und allerdings auch in den USA ist deshalb die "narco-guerilla theory" auch Zielscheibe der Kritik zahlreicher Experten.

***

Die Sortierung der Staatenwelt durch die USA nach Kooperationsbereitschaft auch in bezug auf die Bekämpfung der Drogenproduktion beschränkt sich natürlich - wie bereits angesprochen - nicht nur auf die drogenproduzierenden Staaten der Andenregion: Viele Schranken und Probleme, auf die die US-Macht schon immer gestoßen ist, lassen sich auch unter dem Motto "Kampf den Drogenkartellen" einordnen und in Angriff nehmen. So wird als Begleitmusik bei Strafaktionen gegen Libyen von seiten der USA gegen Gadafi regelmäßig der Vorwurf des Drogenhandels erhoben. Es ist auch wenig überraschend, daß 1988 gerade die Staaten Iran, Syrien, Afghanistan, Burma und Panama von den USA auf die "schwarze Liste" der Staaten, die den Drogenhandel befördern, gesetzt wurden[378] - Länder von denen sowieso keines US-Unterstützung erhalten hatte.[379] Die kubanische Regierung hat den Ernst der Lage schnell erkannt, als aus Washington immer wieder der Vorwurf an sie erging, in ihren Reihen würden sich Drogenhändler befinden: Sie hat auch gegen "verdiente Helden der Nation" umgehend schwere Strafen verhängt und vollstreckt, um damit den Vereinigten Staaten jeden Anlaß für Feindschaftserklärungen unter Berufung auf den "Drogenkampf" zu nehmen.

Solange es sich um die gleichen politischen Feinde handelt, *Sendero Luminoso* z.B., wo alte Feinde mit neuen konvergieren, ist es von wenig Relevanz als welcher Kostenpunkt die Bekämpfung durch die USA verhandelt wird - ob als

Drogenkrieg oder Aufstandsbekämpfung: "U.S.officials have repeatedly declared that if U.S.assistance can serve both antinarcotics and counterinsurgency purposes, then all the better"[380], so das *Washington Office on Latin America.*

> Die vermutete Zusammenarbeit von Guerilla und Drogenmafia dient dabei den USA als willkommener Anlaß, ihre Militäraktionen auch gegen Widerstands- und Befreiungsbewegungen auszudehnen.[381]

Neben den Zielscheiben der Andenstrategie, den "neuen Feinden" (den Kokainproduzenten und -händlern), sind so die "alten Feinde" (linke Aufständische) explizit Teil der Drogenbekämpfungsprogramme in Peru und Kolumbien: Militärhilfe zur Drogenbekämpfung geht direkt an *counter-insurgency*-Kampagnen gegen Aufständische, von denen behauptet wird, sie hätten "inextricable links"[382] mit den Drogenhändlern.[383]

Die Militärs vor Ort benutzen - so gut es geht - die US-Mittel zur Durchsetzung ihrer eigenen Prioritäten[384]:

> Obwohl *officials* der Administration dem Kongreß versichern, daß *anti-drug*-Fonds nur gegen Aufständische, die mit dem Drogenhandel verstrickt sind, verwendet werden, bezeugen die Realitäten in der Region das Gegenteil. Hohe Militärs der peruanischen und kolumbianischen Streitkräfte haben verkündet, daß sie vorhaben, *anti-narcotic*-Gelder für ihre Top-Priorität - Aufstandsbekämpfung - zu verwenden.[385]

III. Drogenpolitik versus andere Erwägungen der US-Politik

Der Ordnungsanspruch der Vereinigten Staaten löst sich immer wieder von dem Anliegen, jederzeit und überall Drogenproduktion und Drogenhandel zu bekämpfen, nämlich da wo die USA Verbündete antreffen, die in die Drogenwirtschaft involviert sind.

> ...el problema de las drogas es una preocupación secundaria dentro de los objectivos americanos de política exterior. Por malo que les pueda parecer a los americanos el tráfico de drogas, cuando una decisión involucra el trato efectivo con una nación productora o exportadora de droga y el mantenimiento simultáneo de los intereses de seguridad nacionales mediante relaciones amistosas con ese país, la seguridad nacional y las buenas relaciones casi siempre le ganan al tema importante, pero menos crucial, de las drogas.[386]

Die Liste der in den Drogenhandel involvierten und von den USA dabei geduldeten - weil befreundeten - Staaten und politischen Kräfte ist lang. Bagley schreibt:

> Strategically important Turkey is not even mentioned on the State Department list, even though the DEA classifies it as a major heroin-transiting country. In the Asian heroin-producing countries, most of whom share borders with Communist nations, the struggle against communist Expansion has always been given diplomatic priority over the war against drugs. It is douptful that the Unites States would ever impose sanctions on Pakistan, even though the country is a major source of heroin, or on the "Afghani freedom fighters", despite their deep involvement in opium cultivation and transport....In Latin America as well, the US has often subordinated the war on drugs to security concerns carrying a higher priority. Panama, Honduras, the *contras,* and Jamaika, are all examples.[387]

Vor allem während der Ost-West-Konfrontation mußte bestimmten Drogenhändlern - aus übergeordneten Erwägungen einer Weltordnung, die der Macht der Vereinigten Staaten nützte - eben Freiraum zugestanden werden: "Drogenproduzierende Länder brauchten keine Sanktionen zu fürchten, wenn ihnen Washington bei der Zurückdrängung des hinter allen internationalen Krisenherden vermuteten Sowjetkommunismus eine Schlüsselrolle zugewiesen hatte."[388] Zu einem ähnlichen Urteil gelangt auch Park:

> In turning back these challenges [der Ost-West-Konfrontation], the U.S. government more than once turned for help to organized criminals and unpopular dictators who enriched themselves through illicit means, including drug trafficking.[389]

Daß die nicaraguanischen *contras* - speziell die Contra-Organisation FDN (*Fuerzas Democráticas Nicaraguenses*) - ihr Budget für Waffenkäufe durch Kokainhandel aufbesserten, ist bekannt.[390] Laut *Time* "wurde nachgewiesen, daß die Waffenlieferanten der "Contra" Drogenschieber in den USA waren"[391]:

> Dazu flogen Militärtransportflugzeuge voller Waffen für die Contras Flughäfen von Honduras und Costa Rica an, wo sie wiederum von der Mafia mit Drogen beladen wurden. Niemand kontrollierte diese Flugzeuge, deren Flugplan vom Nationalen Sicherheitsrat der USA oder von der CIA genehmigt wurde.[392]

Palacio weist darauf hin, daß jene Drogenhändler, die La Habana vor der kubanischen Revolution von 1959 zu einem Zentrum des Drogenhandels machten, seither in Miami als zentrale Kraft im Widerstand gegen Castro vom CIA unterstützt werden.[393]

Auch die Opiumgeschäfte "unserer afghanischen Freiheitskämpfer" sind - u.a. von Smith - reichlich dokumentiert:

> Just as the CIA had tolerated heroin trafficking in Southeast Asia during the Vietnam war, Washington turned a blind eye on the direct involvement of the US-sponsored *mujahedin* (freedom fighters) in Afghanistan's heroin trade because it was interested in undermining the Communist-led government in Kabul.[394]

Park schreibt über die Beziehungen zwischen dem CIA und den "*opium tribes*" im Norden des Iran und Afghanistans:

> The United States government first became involved with the opium tribes...because it seemed like a good way to fight communism. The relationship between the CIA and the tribes goes back at least to the mid-70s when the U.S. began setting up a series of super-secret electronic surveillance stations in Iran that could "look down" into the Soviet Union to track and monitor the weapons testing, rocketry and other military activities.[395]

Die Involvierung von CIA-unterstützten Gruppen in Südostasien in den Opiumhandel fand immer wieder - wenngleich etwas weniger - Beachtung. So half der CIA der von Taiwan trainierten antikommunistischen chinesischen Guerilla, die sich durch Opiumanbau im Norden Burmas finanzierte - einschließlich des berühmten und gefürchteten (im Jänner 1996 entmachteten) Drogenbarons des Goldenen Dreiecks Khun Sa und seiner Armee.[396] Smith schreibt:

> The CIA aided and abetted the Royal Laotian Army and hill tribes, which were actively involved in the heroin trade.[397]....the CIA's involvement with opium-

> growing hill tribes and trafficking generals in Laos 15 years earlier had played a role in escalating the Golden Triangle's share of the heroin trade.[398]

Park weist in diesem Zusammenhang auf die Meo, die Hauptproduzenten von Opium in Laos, hin: Sie wurden vom CIA als sein "counterinsurgency bulwark" gegen die Pathet Lao-Guerilla ausgewählt und 1962 vom CIA mit der Konstruktion ihrer Hauptbasis Long Cheng unterstützt.[399]

Exkurs: Noriega - ein General fällt in Ungnade

Die Gültigkeit der US-Ordnung in Mittel- und Südamerika hat ihre Entsprechung in der Beliebigkeit des US-amerikanischen Agierens und Reagierens: Im Rahmen dieser durchgesetzten "Hinterhofordnung" ist auch die Verhaftung Noriegas, des faktischen Machthabers von Panama, der vorher von den USA installiert worden war, unter dem Gesichtspunkt "Drogendealer" möglich. Mit Noriega lassen die USA einen "alten Freund" fallen, dessen Drogenhandel und undemokratisches Regieren nur mit Duldung und tätiger Mithilfe der USA möglich geworden waren.

Jahrzehntelang war gegen Diktaturen in Lateinamerika - auch in Panama - seitens der USA nichts einzuwenden, weil sie die Stabilität in der Region sicherten. Noriega war zur Kanalverwaltung im Sinne der USA - mit dem Segen der Weltbank - an die Macht gebracht und unterstützt worden. Noch 1986 hatte das *State Department* Panama als pluralistische Demokratie gelobt, und der CIA und die DEA hatten Noriega - einen gern gesehenen Gast bei CIA-Chef Casey[400] - "als verläßlichen und kooperativen Informanten gedeckt"[401], um so mehr, als Noriega ab 1985 Übungsplätze für die Contras in Panama einrichtete.

Auch seine Beteiligung am Drogenhandel wurde toleriert: "Both the Carter and Reagan administrations tolerated Noriega for years because he was a useful asset, despite growing evidence that he was involved in the drug trade", so Bagley. 9 bis 10 Millionen US-Dollar des Kartells von Medellín soll er mit Wissen des CIA reingewaschen und für die contras aufgebracht haben.[402]

> "Reagan opposed decertification [of Panama] because the US intelligence community [DEA, NSC[403] and CIA] considered Noriega to be an "asset" whose use-

fulness to US intelligence-gathering operations outweighed the threat which his involvement in drug trafficking posed to the American populace."[404]

Schon 1977 hatte die Carter-Administration einen Vertrag zur Rückgabe des Kanals an Panama im Jahr 2.000 unterschrieben. Sie war zu dem Ergebnis gelangt, daß sich die Oberhoheit über den Kanal auch unter der Mitbeteiligung der souveränen Macht Panamas beibehalten ließe. Strategisch und ökonomisch hatte die Bedeutung des Kanals ohnehin nachgelassen, seit eine parallel laufende Pipeline den Kanal teils ersetzte und die US-Marine seit den 60er Jahren autonome Flotten auf allen Meeren unterhielten. Symbole wie die US-amerikanische Flagge auf dem Ancon-Hügel sollten geopfert werden, zumal auch der neue Kanalvertrag von für die USA günstigen "*amendments*" (Zusätzen) umrahmt ist: Der US-Präsident bleibt höchster Amtsinhaber jener neu eingerichteten Panamakanalkommission, die auch die Gebühren einnimmt. Weiters bleibt der Vorsitzende der Kommission von einer Bestätigung durch den US-Präsidenten abhängig, und den USA wird im De Concini-Zusatz ein Interventionsrecht eingeräumt.[405]

Die auf die Carter-Administration folgenden republikanischen Regierungen waren mit der bereits ausgehandelten "Rückgabe" des Kanals unzufrieden. Wenn sie schon stattfinden sollte, dann nur unter nochmals unterstrichenen und bekräftigten Vorzeichen einer US-Kontrolle über den Kanal. In diesem Sinne sollte eine eindeutige Klarstellung durch die US-Regierung erfolgen - am besten durch das Ersetzen Noriegas, der den USA nicht mehr als ideale Besetzung in der Panamakanalverwaltung erschien, durch einen neuen Mann an der Spitze Panamas, der sich explizit im besten Einvernehmen mit den USA befand. Deswegen wurde Noriega der - lange vorher geduldete - Drogenhandel vorgeworfen, weiters "zunehmende Widerspenstigkeit gegenüber den USA"[406] und eigenmächtiges Handeln (wie Waffenverkäufe auch an die Sandinisten).

Die "bevorstehende Kanalverwaltung an Panama...[ließ] den Präsidenten handeln."[407] Nachdem erst Destabilisierungsversuche mittels Boykotten erfolgt und die Auslieferung Noriegas verlangt worden war, intervenierten die USA militärisch am 20. Dezember 1989 - unter Berufung auf die Einhaltung des Panamakanalvertrags, die Wiederherstellung der Demokratie in Panama und das Vorführen Noriegas wegen Drogenhandels vor ein Gericht in den USA. Die Intervention erfolgte mit 24.000 Mann starken Invasionstruppen und den in der Kanalzone stationierten US-Einheiten - nach dem Prinzip der "legitimen Selbstverteidigung" gemäß Artikel 51 der UN-Charta. 2.000 Panamesen - vorwiegend Zivilisten - starben, 20.000 wurden durch die Bombardements obdachlos. General Noriega wurde wegen Drogenhandels in den USA einem Gericht in Florida vorgeführt.[408]

Mit seiner Entmachtung teilt Noriega das Schicksal anderer von den Weltwirtschaftsmächten selbst geschaffener oder protegierter Kräfte vor Ort. Mit dem Ende der Ost-West-Konfrontation fallen einzelne lateinamerikanische Diktatoren in Ungnade - allerdings nicht wegen der fehlenden demokratischen Wahlen, nicht wegen Drogenhandels und schon gar nicht aufgrund brutaler Methoden ihrer Herrschaftssicherung: Vielmehr büßten sie ihre Bedeutung als antikommunistische Bastionen gegen die lateinamerikanische Bevölkerung ein, nachdem fast alle Aufstandsversuche auf dem Subkontinent niedergeschlagen waren und die USA Kuba innerhalb Lateinamerikas isoliert hatten. Zudem zeichnete sich unter Gorbatschow ab, daß die Sowjetunion bereit war, ihre Weltmachtkonkurrenz gegen die USA aufzugeben. Deshalb war es den USA nicht mehr wichtig, einzelne unter den Diktatoren und herrschenden Familien in Lateinamerika (wie z.B. auch die Duvaliers in Haiti) an der Macht zu halten.

FÜNFTES KAPITEL: DER ZWISCHENSTAATLICHE DIALOG ZWISCHEN "ANBAU-" UND "ABNEHMERLÄNDERN"

Die Verlaufsform des zwischenstaatlichen Dialogs zwischen den "Drogenanbauländern" und den westlichen Führungsmächten ist unter den gegebenen politischen und ökonomischen Rahmenbedingungen schon vorgezeichnet: Die "Konsumentenländer" treten nicht in Verhandlungen ein, in denen um Interessen gefeilscht wird - sie fordern die Übernahme ihres Kriminalisierungsstandpunkts.[409]

> ..los Estados Unidos, [es] el actor más importante en este conflicto...que subordina o influye determinamente las políticas de los otros Estados interpelados, concretamente los países fuente de la droga.[410]

Die USA machen den "Hauptanbauländern" der Kokapflanze - Kolumbien, Peru und Bolivien - das "Angebot", ihnen beim Kampf gegen das Drogengeschäft zu "helfen". Diese "Unterstützungsangebote" sind nichts anderes als die Vorschrift einer Hegemonialmacht. Insofern ist es sehr sachgerecht, daß weder die Andenregierungen noch andere Gruppen in der Region beim Entwerfen der Andenstrategie beigezogen wurden.

> In recent years, the United States has threatened, and in some cases imposed, foreign aid and trade sanctions against major drug-producing or transit countries that have not substantially cooperated in the drug war.[411]

Bagley referiert den vorherrschenden Standpunkt in den USA:

> ...the United States not only has the right but also the duty to use its dominant leader-ship position and superior power capabilities to persuade (compel) subordinate states to cooperate on issues such as the war on drugs, for failure to do so could endanger US national security and, ultimately, the stability of the international system as a whole.[412]

Daß die Drohungen, Erpressungen und Sanktionen Washingtons immer exemplarisch für etwas Höheres stehen, versteht sich von selbst: Sie stehen für das Anliegen, eine neue, wieder für alle Beteiligten gedeihliche Ordnung herbeiführen zu wollen. Wenn die ökonomischen und politischen Interessen der USA durchgesetzt werden sollen, dann geht es - offiziell - selbstverständlich um Verantwortung gegenüber den betroffenen Ländern und ihrer Bevölkerung und um den Dienst an höchsten Werten.

Die Andenstaaten werden massiv ökonomisch und militärisch unter Druck gesetzt - mit Hilfsofferten und wirtschaftlichen Pressionen ("the full range of US economic and political power to bear on foreign governments and force their cooperation with US anti-drug programs abroad"[413]).

Sogar in hochoffiziellen Papieren ist mittlerweile anerkannt: "Peru ist ein unfreiwilliger Mitstreiter[414] der Vereinigten Staaten im Kampf gegen die Drogen."[415] Quiroga T. spricht von "direkter nordamerikanischer Einmischung in die politischen, wirtschaftlichen und militärischen Belange"[416] der Andenstaaten im Zusammenhang mit der Drogenbekämpfung, und Bagley gar von einer "punish them into submission-approach".[417]

Die Staatsmänner vor Ort haben nämlich von sich aus (wie in den vorangegangenen Kapiteln schon ausführlicher besprochen) gar kein gesteigertes Interesse, den Anbau von Kokapflanzen und den Handel mit Drogen zu behindern und zu kriminalisieren. Die grundsätzliche Unvereinbarkeit der Standpunkte ist auf dem Tisch, die Gegensätzlichkeit der Ansprüche Gegenstand der Diplomatie. So ist in einer Studie zur internationalen Drogenpolitik der Vereinigten Staaten des *Congressional Research Service* in Washington zu lesen:

> In fact, there is growing reason to expect that other nations' anti-drug interests and priorities will differ variously from those of Washington, and that other nations will not simply accede to requests to implement U.S.programs.[418]

Zu einer vergleichbaren Einschätzung kommt Pardo:

> Die Themen, die uns beide betreffen [USA und Kolumbien] sind nicht immer Themen, in denen eine natürliche Harmonie der Interessen besteht: Die Interessen der USA sind nicht immer die gleichen wie von Kolumbien und umgekehrt. Es gibt eine Fülle von Themen, wo sich unsere Interessen nicht treffen.[419]

Das *Washington Office on Latin America* schreibt über die ablehnende Haltung der Andenregierungen gegenüber der US-Militärhilfe im Drogenkrieg und speziell ihrer starken Präferenz für Wirtschaftshilfe und Handelserleichterungen. Präsident Fujimori lehnte erst die US-Militärhilfe ab, willigte dann aber doch ein. Obwohl alle drei Regierungen Militärhilfe im Austausch für US-Wirtschaftshilfe akzeptiert haben, sprechen sie dem Drogenkrieg weiterhin eine ganz andere Priorität zu als die Vereinigten Staaten. Auch die kolumbianische Regierung lehnte erst ein *high-profile role* für US-Personal ab, und die Regierungen Boliviens und Perus betonen laufend, daß sie Umstellungsprogramme von Koka auf andere landwirtschaftliche Produkte der Zerstörung von Kokaplantagen (*interdiction and eradication*) vorziehen würden.[420]

Hoffmann schreibt:

> ...Präsident Paz Zamora betonte von Anfang an, daß Maßnahmen zur Verringerung der Kokaproduktion von breit angelegten Projekten begleitet sein müßten, deren Verwirklichung ohne großzügige finanzielle Hilfe aus den Industrieländern nicht möglich sei.[421]

In Bolivien haben sich politische Kräfte (einschließlich der katholischen Kirche) und sämtliche politischen Parteien - quer durch das politische Spektrum - der Militarisierung des Drogenkrieges entgegengestellt. Für Erzbischof Sainz aus La Paz/Bolivien ist der Drogenkrieg "ein vom Ausland importiertes Phänomen"[422], und in der Erklärung des zweiten Treffens von Bischöfen und Pfarrern aus Lateinamerika und der Karibik im Juni 1990 ist zu lesen:

> Alle diese Programme [zur Drogenbekämpfung] sind nicht abgeleitet aus einer lateinamerikanischen...Diagnose des Problems, sondern aus der US-amerikanischen Sicht...Aus diesem Grund müssen unsere Länder die wirtschaftlichen, sozialen und politischen Kosten des Drogenkonsums übernehmen...Die... US-Politik verletzt ...unsere Souveränität. Sie erhöht die Gewalttätigkeit und Militarisierung unserer Gesellschaft...[423]

Washington sieht auch bei seinem Kampf gegen die Drogen hinsichtlich des staatlichen Willens und der politischen Berechenbarkeit in Lateinamerika immer wieder einen Problemfall für seine weltpolitischen Aufsichtsansprüche: Trotz des hohen Preises, den die Andenstaaten für gutes Einvernehmen zahlen, verbinden sie doch ihre Konzessionsbereitschaft mit nationalen Berechnungen, also mit für die USA störenden Rechtsansprüchen.

Die zuständigen US-Politiker wissen, daß sie den Andenregierungen einiges abverlangen: So ist im *Report for Congress 1992* zur *Andean Drug Initiative* in bezug auf die Drogenbekämpfung in den Andenstaaten von einem "economic suicide by destroying a major source of foreign currency without some assistance to overcome the destabilization effects"[424] die Rede. Die verantwortlichen Politiker in den USA rechnen mit Enttäuschungen der Andenstaaten darüber, wie gering die Entschädigung für ihre Opfer im Kampf gegen die Drogen ausfällt und wie wenig sich die Weltwirtschaftsmächte dem nationalen Aufschwung dieser Nationalökonomien verpflichtet fühlen.

> How do other nations perceive the moral legitimacy of the United States when Americans press them to solve what they may see as *our* drug problem? They question the american commitment to eradicate marijuana production and to curb demand when 70% of the U.S.Federal anti-drug budget is devoted to reduction of supply, and when America often is the source of the chemicals used to produce the illicit drugs we consume?[425]

In vollem Bewußtsein darüber, daß der Kampf gegen die Drogen gegen die Interessen der "Anbauländer" durchgesetzt werden muß, wirft der *Report for Congress* zur *National Drug Control Strategy* von 1989 weiter die Frage auf:

> What funding levels, or greater amounts of direct U.S.involvement, are politically, diplomatically, and operationally feasible?[426]

Durch die Wiener UNO-Konvention (die am 19. Dezember 1988 gegen den Drogenhandel beschlossen und in der Folge von den meisten Staaten ratifiziert wurde) sowie im Rahmen der Organisation Amerikanischer Staaten (OAS) werden die Andenstaaten von der Regierung in Washington mit den Mitteln der diplomatischen Einflußnahme behandelt. Vor allem "die in regelmäßigen Abständen - unter Führung der USA stattfindenden regionalen Treffen und die daraus hervorgehenden Erklärungen"[427] - spielen dabei eine zentrale Rolle: Zum Verhandlungspartner gemacht sollen sich die Andenregierungen im US-amerikanischen Sinn beeinflussen lassen.

Am 15. Februar 1990 trifft sich Präsident Bush mit den Präsidenten von Bolivien, Kolumbien und Peru in Cartagena, Kolumbien. Die Konferenz findet im Schatten der Invasion in Panama und des bedrohlichen Aufkreuzens der *US-Navy* vor der kolumbianischen und venezolanischen Karibikküste statt. Letztere läßt die Politiker der Region eine US-Blockade gegenüber Kolumbien befürchten. Eine führende kolumbianische Tageszeitung, *El Espectador,* schreibt von einer "plumpen See- und Luftblockade...in imperialistischer Manier"[428], und die peruanische Delegation droht wegen der US-amerikanischen militärischen Drohgebärden erst mit einem Boykott des Drogengipfels, lenkt aber ein, als die Konsequenzen - so z.B. die Kürzung von Wirtschaftshilfe - feststehen.[429]

Das Ergebnis der Konferenz der Regierungschefs der wichtigsten lateinamerikanischen "Drogenanbauländer" in Cartagena besteht konsequenter Weise im wesentlichen in einer Bereitschaftserklärung, dem Ersuchen von Präsident Bush, nachzukommen: Hier und auf folgenden Drogenkampf-Gipfeltreffen sollen mit ihm die weitere Zusammenarbeit und die Aufgaben der drei Andenstaaten innerhalb der *Andean Strategy* koordiniert werden. Damit ist die Leitlinie für diese und weitere Konferenzen festgelegt. In der "Erklärung von Cartagena" wird von den Präsidenten Bush (USA), Barco (Kolumbien), García (Peru) und Paz Zamora (Bolivien) ein multilaterales Rahmenabkommen über Drogenbekämpfungsmaßnahmen (und der Entwurf für eine umfassende Koka(in)bekämpfungsstrategie) unterschrieben. Den Vereinbarungen zur Folge verpflichten sich die drei lateinamerikanischen Regierungen, beim Kampf gegen den Drogenhandel mit den USA zu kooperieren. In San Antonio, Texas, im Februar 1992, wird die Deklaration von Cartagena bestätigt und bekräftigt.[430]

Die Andenstaaten zeigen sich also - trotz ihres Eintretens für einen eigenen Weg - gesprächs- und kompromißbereit. In ihrem Hochhalten von selbstverständlich "gut-nachbarschaftlichen Beziehungen" tun sie kund, daß sie sich auf die neuen US-Forderungen so eingestellt haben, daß sie sie als Rahmen ihres eigenen politischen Handlungsspielraums devot akzeptieren. "Die US-amerikanische Sichtweise des Problems wurde auch zum offiziellen Diskurs der andinen Gesellschaften", so Bonilla.[431]

Da von vornherein feststeht, daß es sich keine lateinamerikanische Regierung leisten kann und will, das "Hilfsangebot" der USA abzulehnen, setzen sie umgekehrt darauf, daß ihre Hilfsdienste im US-Drogenkampf durch ein paar zusätzliche Dollarmillionen für ihre Staatskassen honoriert werden - "...in Anbetracht der Bekundung kontinuierlicher Anstrengungen und der Kooperation der nationalen [kolumbianischen] Autoritäten mit der internationalen Gemeinschaft auf diesem Gebiet"[432]. Pardo schreibt:

> Kolumbien meint, daß es zum Teil von der internationalen Gemeinschaft für den hohen Preis, den wir für den Kampf gegen den Drogenhandel bezahlt haben, entschädigt werden muß. Es handelt sich bei der Drogenbekämpfung schließlich um ein Anliegen der internationalen Gemeinschaft - und ganz konkret der USA. Wir erwarten nicht, daß die Entschädigung über Geschenke und Spenden erfolgt, aber über die Öffnung von Märkten, die uns erlaubt, unsere Exportchancen zu verbessern und auf diesem Wege einen Teil der Kosten der Drogenbekämpfung, die die Administration des Präsidenten Barco auf eine Milliarde Dollar schätzt, auszugleichen.[433]

So besteht das Ergebnis der Sonderkonferenzen der lateinamerikanischen "Drogenanbauländer" zuerst einmal aus matten Appellen an die Industrienationen und an die UNO, daß das Drogenproblem nicht zuletzt eines von Angebot und Nachfrage sei. In diesem Sinne bemühte sich auch Präsident Gaviria gleich zu Beginn seiner Amtszeit bei seinem ersten offiziellen Auslandsbesuch in einigen europäischen Staaten darum, "den globalen Charakter des Problems" zu unterstreichen.[434] Zahlreiche lateinamerikanische Autoren äußern sich in diese Richtung, so auch Pardo:

> Ein multilaterales Problem kann nicht mit unilateralen Mitteln von seiten Kolumbiens gelöst werden. Das ist unmöglich. Ein Problem, das viele Länder betrifft und viele Aspekte beinhaltet, wird nicht dadurch gelöst, daß ein einzelner Aspekt in einem einzelnen Land bekämpft wird. Außerdem stellt das eine Ungerechtigkeit gegenüber Kolumbien dar, weil es bedeutet einen Konflikt, der in Wahrheit seine Wurzeln außerhalb unserer Grenzen hat, auf unser nationales Territorium zu verlegen.[435] ....Kolumbien ist ein spezieller Fall in der internationalen Gemeinschaft, und die internationale Gemeinschaft verlangt von Kolumbien ein spezielles Verhalten in bezug auf den Drogenhandel. Wir haben dieses spezielle Verhalten an den Tag gelegt, und dabei einen Preis bezahlt, den kein anderes Land bezahlt hat. Wir verstehen nicht, daß man von Kolumbien ein spezielles Verhalten verlangt, ohne daß daraus eine spezielle Behandlung folgen würde.[436]

An dieser Folgerung hält auch der kolumbianische Präsident Gaviria bei der Konferenz von Cartagena fest:

> Vielleicht gibt es kein zweites Land, das einen so hohen Preis für die Standhaftigkeit gegenüber dem Drogenhandel und dem organisierten Verbrechen bezahlt hat wie Kolumbien. Groß sind die Bemühungen gewesen, immens die Opferbereitschaft und tief die Trauer um die Tausende von Kolumbianern, die diesen Kampf mit dem Leben bezahlt haben.[437]

Die Zeitung *El Tiempo* kommt zu einem ähnlichen Urteil: "Was bis jetzt vorgeherrscht hat, ist eine ungerechte Verteilung von Kosten und Risken, und Kolumbien hatte bei diesem Konflikt die blutigste und leidvollste Last zu tragen."[438] Der kolumbianische Präsident Barco spricht von den "unermeßlichen Opfern, die Kolumbien bringt, um das Angebot zu verringern"[439], Reina vom Krieg gegen die Drogen als einem "regelrechten Anschlag auf nationale Interessen"[440]. Kolumbien wünsche sich eine "*desnarcotisación*" ('Entnarkotisierung'[441]) der Beziehungen zwischen Kolumbien und den USA, um einen von Tokatlian geschaffenen und von der kolumbianischen Regierung aufgegriffenen Begriff zu verwenden.

Exkurs: Drogenbekämpfung - ein Anspruch auf Aufsicht und Kontrolle auch für andere Weltmächte

Von den westeuropäischen Partnern wird Bushs Absicht, das Drogengeschäft zu bekämpfen, prinzipiell mit Zustimmung begegnet, ohne daß sie deshalb seinen Drogenkrieg in Südamerika zu dem ihren machen würden. Die USA können mit ihren Maßnahmen zur Drogenbekämpfung (nach in Washington geäußerter Ansicht des damaligen bayrischen Innenministers Edmund Stoiber) "Vorbild für Europa sein".[442] Vorbildfunktion hat dabei, daß Probleme der Nation, bei denen es andere Beteiligte gibt, anderen Staaten aufgedrängt werden. Seit Bush den weltweiten "Krieg gegen die Drogen" ausgerufen hat, betätigen sich die anderen mächtigen Industriestaaten (vor allem die europäischen Staaten) als engagierte Mitstreiter und entdecken dabei allerdings - wie sonst auch - lauter ureigene Ordnungsansprüche, welche sie erstens gegen die jeweiligen europäischen Partner und zweitens - als "Europäische Union" - gemeinsam gegen die restliche Staatenwelt in Anschlag bringen. Die Drogenbekämpfung ist bis jetzt allerdings kein Feld der Konkurrenz und der Auseinandersetzung zwischen den Vereinigten Staaten und Europa - anders als die Terrorismusbekämpfung, bei der es deutlich divergierende Einschätzungen der USA und der EU-Staaten (speziell Frankreichs) gibt, was "den Terrorismus befördernde Staaten" anlangt.[443]

"Knotenpunkt geänderter Rauschgiftrouten", "Drehscheibe" und Absatzmarkt des Drogenhandels zu sein, gehört nicht nur für die USA, sondern auch für die anderen mächtigen Industrieländer als "Einmischungstitel" zum Standardrepertoire, um in den "Drogenproduktionsländern" innerhalb der jeweiligen eigenen Einflußzonen Ansprüche auf Kontrolle geltend zu machen: z.B. für Frankreich in Nordafrika oder für die führenden EU-Staaten insgesamt (allen voran die Bundesrepublik Deutschland) in Osteuropa und den ehemaligen südlichen Sowjetrepubliken. Der Versuch unter dem anerkannten Gesichtspunkt "Ost-Mafia" die dortigen Regierungen in Polizeiangelegenheiten mittels Kooperation und Unterordnung einzubinden, gemahnt an die US-Vorgangsweise in Lateinamerika. Drogenproduktion und Drogenhandel sind dabei das Material, das bei Bedarf hochgespielt und benutzt werden kann, aber bis jetzt noch nicht für einen "Drogenkrieg" genutzt und gebraucht worden ist. Diese Bemühungen der EU sind, was die Radikalität und Selbstverständlichkeit betrifft, nicht vergleichbar mit denen der USA. Sie stellen höchstens eine verkleinerte Kopie der US-Bemühungen dar, handelt es sich doch beim ehemaligen sog. "Ostblock" um eine Region, die (anders als Lateinamerika als Zone mit seit langem durchgesetzter US-Hegemonie) erst als Einflußsphäre der EU eingemeindet werden soll (wobei die Unterordnung und Einbindung der Polizei der osteuropäischen Staaten im Rahmen der Drogenbekämpfung auch ein Mittel dazu ist).[444]

SECHSTES KAPITEL: DAS INSTRUMENTARIUM ZUR DURCHSETZUNG VON BUSHS DROGENPOLITIK IN LATEINAMERIKA - DIE "ANDENSTRATEGIE"

Die von Bush am 25. Jänner 1990 dem Kongreß vorgelegte *Andean Strategy* sieht vor, das Kokainangebot in den Vereinigten Staaten um 15 % bis Ende 1991 und um 60 % bis 1999 zu verringern. Geplant sind Militärhilfe für die Staaten Bolivien, Peru und Kolumbien, verstärkter Militär- und Polizeieinsatz zur Zerstörung von Kokafeldern, Laboratorien und Flugplätzen sowie die Verfolgung von Drogenhändlern.[445] Die *near-term goals* der Andenstrategie sind:

> "to strengthen the political commitment and institutional capability of Colombia, Peru and Bolivia"...(for drug fight), "to increase the effectiveness of law enforcement and military activities of the three countries against the cocain trade", and "to inflict significant damage to the trafficking organizations that predominate within the three countries".[446]

I. Einsatz von US-Militär und Polizei

Ein Novum der Drogenbekämpfung durch die Bush-Administration im Vergleich zu vergangenen "Drogenkriegen" stellt der verstärkte Einsatz des Militärs (im Ausland!) dar. Den Streitkräften werden mehr und mehr Aufgaben übertragen, die bislang in die Kompetenz der Polizei fielen. Bei seiner Ankündigung der *National Drug Control Strategy* und der Andeninitiative am 5. September 1989 in einer bundesweit über des Fernsehen ausgesendeten Fernsehansprache sagt Präsident Bush: "Die Regeln haben sich verändert....Wenn es erforderlich ist, werden wir zum ersten Mal die jetzt geeigneten Mittel, die *US-armed forces,* zur Verfügung stellen".[447] Der *Defense Authorization Act* für 1989 weist dem Verteidigungsministerium (*Department of Defense*) eine Schlüsselrolle zu und macht es zur bestimmenden US-Behörde im Kampf gegen die lateinamerikanische Drogenproduktion. Im Drogenkrieg in Kolumbien, Peru und Bolivien sind sowohl Landstreitkräfte als auch die Marine und die *Air Force* im Einsatz. Die Mittel des *Department of State* für "internationale Operationen" zur Drogenbekämpfung werden besonders erhöht: von 142 Millionen US-Dollar 1989 auf 296 Millionen US-Dollar 1990 und auf 528 Millionen US-Dollar 1991. Die jährlich ausbezahlte Militärhilfe an ausländische Regierungen zum Zweck der Drogenbekämpfung ist von 22 Millionen US-Dollar 1989 auf 131 Millionen 1990 und auf 151 Millionen US-Dollar im Jahr 1991 angestiegen.[448]

Die *Departments of State and Defense* und die DEA unterstützten alle Bushs verstärkten Einsatz des Militärs und seinen Schwenk weg von der *border interdiction* zu *source country*-Programmen, so auch die damalige *Secretary of State for International Narcotic Matters*, Ann Wrobleski. Das gesamte politische Spektrum befürwortet militärische Einmischung - keine Partei will in bezug auf Drogen nachgiebig erscheinen. "When you have a war, who do you call in to fight the war? You call the military in"[449], so der Abgeordnete Jack Davis.

Als Bush 1989 die Regierung übernimmt, verabschiedet der neue Kongreß eine Reihe von Gesetzen, mit denen der Drogenkrieg in die Tat umgesetzt werden soll. Im November gibt das *US-Department of Justice /Office of Legal Councel* ein Rechtsgutachten heraus, das dem US-Militär erlaubt, ausländische Staatsbürger auf fremdem Territorium zu verhaften - eine Vorgangsweise, die der *Posse Comitatus Act* dem US-Militär auf dem Territorium der Vereinigten Staaten verweigert. Zusätzlich beschließt das *Judge Advocate Generals Office* der *Army* mit dem *State Department* und dem CIA in einem Gesetzesentwurf, daß der Einsatz des "Militärs gegen Terroristen oder eine terroristische Organisation eine legitime Ausübung des internationalen Rechts auf Selbstverteidigung, aber keinen Mord darstellt".[450] Der *Anti-Drug Abuse Act* institutionalisiert unter anderem die Position des Direktors des Büros für Nationale Drogenkontrollpolitik (*Office of National Drug Control Policy* (ONDCP)), des sog. "Drogenzars", der auch für die Koordination der *Andean Strategy* zuständig ist, indem sie ihm Kabinettsrang verleiht.[451] Daneben sind die bereits von Nixon 1973 gegründete *US Drug Enforcement Administration* (DEA) und das *Department of Defense* Hauptakteure in der US-Drogenbekämpfung.

Botero und Tokatlian sowie auch Bagley bezeichnen Bushs Drogenpolitik im Vergleich zu der von Reagan (sowohl was ihre Position gegenüber Drogenkonsum und -handel als auch die Mittel zu ihrer Bekämpfung anlangt) als eine "more of the same"-Politik, "only faster, better and on a larger scale"[452]. Eröffnet wurde die "Kooperation" mit den Andenstaaten im Kampf gegen die Drogenproduktion in den 80er Jahren tatsächlich bereits durch die Reagan-Administration. Sie begann mit der Drogenbekämpfung in den "Produzentenländern" und ihrer Militarisierung. Unter der Reagan-Administration nahm auch das Anti-Drogen-Budget des Militärs zu, welches von weniger als fünf Millionen US$ 1982 auf über 200 Millionen US$ 1988 anstieg. Im Rahmen der "*Operation Blust Furnace*" ("Hochofen") 1986 intervenierten die USA 90 Tage lang in Bolivien mit 160 Soldaten der US-

Infanteriebrigade und mit UH-60-Blackhawk-Hubschraubern. Unterstützt wurden sie von den Agenten der bolivianischen Drogenbekämpfungseinheit "Leoparden". Eine weitere US-Intervention fand 1987 statt: "Operation Vereinigte Kräfte 87" - ein gemeinsames Manöver mit den bolivianischen Streitkräften. Zusätzlich zu DEA-Agenten, Beauftragten des *State Department* und Mannschaften der US-Küstenwache richtete "*Operation Snowcap*" auf Dauer Teams von *U.S.Army Special Forces (Green Berets)* ein, die Polizeieinheiten der drei Andenstaaten trainieren. Nach dem gleichen Schema wurde 1988 in Peru die "*Operation Snowcap*" ("Schneekappe") durchgeführt.[453]

Die von den USA den betroffenen Andenstaaten abverlangte politische Stabilität und Kooperation bedeutet einen jederzeit berechenbaren Staatswillen, die Unterordnung des Militärs unter diesen Willen, den Verzicht auf störende nationale Sonderrechnungen und gebührende Eigenanstrengungen zur Bekämpfung des Drogengeschäfts. Durch die eingeleitete militärische und militärpolitische Kooperation verstärkt die USA ihren entscheidenden Einfluß auf die politische und militärische Ausrichtung dieser Staaten, mit dem "auf längere Sicht" angestrebten Ziel der "Entwicklung von Streitkräften, die mit den USA besser kooperieren können." Das Pentagon hat ein raffiniertes, regionales *intelligence network*, das sich auf Satelliten, Aufklärungsflüge und Radarstationen in 18 Ländern stützt, aufgebaut: Es soll die DEA und die Polizei der Andenstaaten in den Anbaugebieten mit der US-Botschaft des Landes, dem *SouthCom Counternarcotic Center* in Panama und einer ganzen Reihe von *intelligence centers* in den USA verbinden.[454]

Die USA mustern ihre "Partner" und üben militärische Zusammenarbeit. Mit vielfältigen Kontakten, Konferenzen, Partnerschaften und Manövern füllen die Vereinigten Staaten ihren neuen Zuständigkeitsbereich aus: Sie sind inzwischen selbstverständlich - auch mit Truppen - präsent. Hunderte Agenten der DEA, an deren Spitze im November 1990 auf Bushs Geheiß der republikanische Ex-Gouverneur von Florida, Martinez, den amtierenden DEA-Chef Bennett ablöst, sind - vorwiegend mit diplomatischen Pässen - in der Region stationiert. Die Frankfurter Rundschau schreibt von 300 DEA-Agenten allein in Bolivien.[455] Ein Aufgebot anderer US-Behörden wie die *Border Patrol*, der *Costums Service*, das FBI, das *Treasure Department* und andere sind in die Drogenbekämpfung in den Andenländern involviert. Auch der CIA (*Central Intelligence Agency*) gibt ein Viertel seines Lateinamerika-Budgets für den Drogenkrieg aus.[456] Das *State Department* hat die Oberaufsicht über die Drogenkontrollprogramme im Ausland. Ein "*Country Team*" bestehend aus Vertretern verschiedener US-Behörden unter der Aufsicht des Botschafters koordiniert alle US-Drogenbekämpfungsmaßnahmen in jedem Land.

Der direkte Einsatz von US-Truppen im Rahmen der Andenstrategie soll so weit wie möglich durch jenen lateinamerikanischer Militärs und Polizeikräfte und eine Verbesserung von deren Fähigkeiten überflüssig gemacht werden. Training der Streitkräfte für den Drogenkrieg durch 200 *US-Special Forces* findet in Bolivien, Peru und Kolumbien statt. Vor Ort wird von der US-Botschaft mitentschieden, u.a. was die An- und Abbestellung von Beamten der andinen Antidrogenpolizei betrifft - z.B. mittels der vor Ort ansässigen *overlooker* in Gestalt der US-Botschafter. Polizei und Militär in den Anden werden für Millionen von US$ in bezug auf Ausrüstung, Planung und Durchführung von militärischen Operationen beraten. Kleine Teams von US-Militärspezialisten wählen Angriffsziele aus, planen Angriffe und koordinieren Operationen, die von der US-DEA (*Drug Enforcement Administration*) sowie von Polizei und Streitkräften aus dem Andenraum durchgeführt werden.[457]

> One of the most successful measures employed by DEA has been the creation of elite drug enforcement units composed of local police. Resident DEA agents have taken an active hand in creating these units, often training them, handpicking their heads and overseeing their hiring, and generally working closely with them in all aspects of their operations. Some of these units have been independent agencies, others part of an established police agency. In some cases, they have been funded in good part by DEA and the US State Department, with all of their training and much of their non-lethal equipment provided at US expense.[458]

Die USA stärken die Militärs in der Region und innerhalb der Gesellschaften der betroffenen Länder.[459] "Yet in the Andes, the War on drugs has become a real war with potentially devastating consequences", so das *Washington Office on Latin America*.[460] Auf die Zunahme von Folter, Exekutionen und willkürlichen Festnahmen durch Polizei und Militär im Zusammenhang mit der Durchsetzung der *Andean Strategy* in Peru wurde bereits eingegangen.

II. Chemische Kriegsführung

Die Vernichtung *(eradication)* der Drogenpflanzen - durch den Einsatz chemischer und biologischer Mittel (Pflanzenvertilgungs- und Entlaubungsmittel), der meist aus der Luft erfolgt - ist fester Bestandteil des US-Drogenkrieges und wird in fünfzehn Ländern betrieben. Die betroffenen Regierungen werden mit Herbiziden, technischer Unterstützung und *spray aircraft* versorgt. *Eradication* kann auch durch Ausreißen der Pflanzen oder durch Verbrennen erfolgen.[461] Im Punkt B-5 der *Declaración de Cartagena* wird an der *erradicación* als *parte esencial* ('als wesentlichem Bestandteil')[462] des Kampfs gegen den Drogenhandel festgehalten. Im Unterschied zum Angriff auf Drogenhändler bietet sie den USA einige wesentliche Vorteile: Die Bauern sind nicht mobil und verfügen nicht über die finanziellen Mittel zur Finanzierung von Frühwarnsystemen und zur Korruption von Beamten. Sie sind - wie die *zepes* (Transporteure der Kokaballen) - den Drogenbekämpfungseinheiten von Polizei und Militär schutzlos und direkt ausgeliefert. Die Entlaubungsmittel werden auch verstärkt gegen oppositionelle Gruppen eingesetzt.[463]

Gegen die Kokabauern wird ein "chemischer Krieg"[464] - mit in den USA größtenteils nicht zugelassenen Herbiziden - geführt. In der kolumbianischen Region Guajira und in der Sierra Nevada de Santa Marta wurde noch zu Beginn der 80er Jahre das 1960 entwickelte (und in der Folge in den USA von *Chevron Chemical Co* hergestellte), hochgefährliche *Paraquat* auf Marihuanafelder gesprüht: zuletzt zwischen Juli und September 1984 unter Präsident Betancur - mit Toten und Verletzten unter den dort ansässigen Kogi- und Arhuaco-*Indígenas* als Folge. *Paraquat*, das äußerst billig und effektiv ist, verursacht im Tierversuch schwere Krankheiten und führt da oft zum Tod, so das *Research Triangle Institute*. Laut Wright, Professor für Ökologische Studien der *California State University*, ist es extrem gefährlich, wenn es in den menschlichen Organismus gelangt. Genehmigt wurde der Einsatz von *Paraquat* in Kolumbien vom *Consejo Nacional de Estupeficiantes* (CNE), der auch im Jänner 1992 wieder seine Genehmigung für das vom kolumbianischen Gesundheitsministerium und von Experten als höchst gefährlich eingeschätzte *Glifosato* gab.[465]

In den ersten Monaten des Jahres 1985 werden in den Urwäldern im Osten Kolumbiens 2.000 Hektar Drogenpflanzen vernichtet - mit einem Entlaubungsmittel, das laut Herstellerfirma *Dow Chemical* mit dem in Vietnam eingesetzten berüchtigten *Agent Orange* ident ist: *Triclopyr*, mit kommerziellem Namen *Garlon 4*.

Ende 1987 wird im peruanischen Huallaga-Tal ein Programm mit sechs verschiedenen Herbiziden getestet, darunter das Produkt *2-4, D,* welches (laut *National Institute of Cancer* der Universität von Kansas) Krebs, schwere neurologische Erkrankungen und Erbschäden verursacht. Zum Einsatz kamen weiters die Produkte *Hexazinone* (von *Dupont), Velpar* und *Picloram* mit kommerziellem Namen *Tordon* (von der Firma *Dow Chemical),* deren Schädlichkeit für Mensch und Umwelt noch kaum erforscht ist - sowie vor allem das von *Elly Lilli Co* produzierte *Tebutiuron,* besser bekannt als *Spike.*

Über *Tebutiuron* (*Spike*) steht auf der in den USA obligatorischen Etikette, daß es sich um ein extrem aktives Herbizid handelt, "das Bäume, Sträucher und andere Formen von Vegetation zerstört; muß von Seen, Flüssen und Lagunen ferngehalten werden".[466] Mit *Spike* wird das kolumbianische Grundwasser vergiftet: Es kommt vorwiegend in jenen Bergregionen zum Einsatz, wo sich auch die Trinkwasserreserven des Landes befinden. *Spike* kann, so Dr. Wiles von der Nationalen Akademie der Wissenschaften Perus, nicht eingesetzt werden, ohne eine "*devastación ecologica*" ('ökologische Verwüstung'[467]) zu bewirken. Laut Dr. Kurtz (*Department of Alimentation and Agriculture* des Staates Kalifornien) und Machado, Professor an der peruanischen Universität, rottet es nicht nur Drogenpflanzen, sondern jegliche Vegetation - auch andere Kulturpflanzen wie Bananen und Kaffee - aus, schafft regelrechte Wüsten und ist äußerst persistent. Ungeklärt ist, ob nach einer Entlaubung mit *Spike* wieder andere Pflanzen nachwachsen. Fest steht aber, daß die nach der Entlaubung ungeschützten Böden von der Erosion zerstört werden.

Dieser Beurteilung von *Spike* schließt sich die US-amerikanische Behörde zum Schutz der Umwelt EPA an, die sich allerdings für im Ausland verwendete US-Produkte nicht als zuständig erachtet. Für völlig unbedenklich halten *Spike* hingegen Ann Wrobleski (*Secretary Assistant of State*) und die US-Botschaft in Lima (im Jahr 1988): *Spike* schade dem menschlichen Organismus weniger als ein Aspirin. Der Chef des *National Drug Policy Board* setzt auf einer Reise nach Peru 1988 gegen den peruanischen Präsidenten García ein Abkommen zum Einsatz von *Spike* (aus der Luft) im Tal des Oberen Huallaga-Flusses durch, für das die USA - für einen geplanten Zeitraum von drei Jahren - 25 Millionen US-Dollar zur Verfügung stellen.[468]

In den frühen 90er Jahren wird aus US-Helikoptern der *Inter-Regional Narcotics Eradication Air Wing* das Entlaubungsmittel *Spike* sowie *Glifosato,* das auch unter dem Namen *Round Up* bekannt ist, gesprüht. Zwischen 1990 und 1992 werden in Kolumbien mehr als 2.100 Hektar Kokafelder und vor allem Mohnpflanzungen zerstört: 16.000 Hektar Mohnfelder in Kolumbien allein zwischen 1991 und 1992, so der kolumbianische Justizminister González Díaz (1993).[469]

Auf Fragen del Olmos an die DEA, wieso die besagten Herbizide nicht in den USA zum Einsatz kämen, wurde entgegnet, daß die geographischen Gegebenheiten ungeeignet seien. Bei einer Untersuchung der US-Behörde zum Schutz der Umwelt (EPA) durch das *US-General Accounting Service* im Mai 1989 zeigte sich, daß diese Behörde den Export von drei Viertel aller in den USA nicht genehmigten Herbizide zuläßt und dabei Informationen über den in den Vereinigten Staaten gebräuchlichen Namen, die chemische Zusammensetzung und ihre Beurteilung des Produktes vor den Importeuren zurückhält. Der Export von in den Industrieländern nicht genehmigten chemischen Substanzen nach Lateinamerika (mit oder ohne falsche bzw. unzureichende Bezeichnung) ist auch außerhalb des Drogenkriegs gang und gäbe.

Trotz der Programme zur Drogenpflanzenvernichtung nehmen die Drogenpflanzungen und die produzierte Drogenmenge rasant zu. Die *eradication* bewirkt, daß sich die Pflanzer immer tiefer im Dschungel verstecken und dort den Urwald für neue Felder roden.[470]

III. Der ökonomische Hebel

Neben US-Militärberatern erhalten die Regierungen von Bolivien, Peru und Kolumbien zur Unterstützung im Kampf gegen das Drogengeschäft - ob sie wollen oder nicht - "Krisenhilfe" in Milliardenhöhe zur Bewältigung einer Krise, die sie ohne die tatkräftige Hilfe der USA überhaupt nicht hätten. Die Bush-Administration hat ein "Wirtschaftshilfeprogramm" im Umfang von 2,2 Milliarden US-Dollar für die Periode von 1990 bis 1994, genannt die *Andean Initiative*, verabschiedet: Diese Summe ist ca. je zur Hälfte für Wirtschaftshilfe und zur Unterstützung von Militär, Polizei und Justiz in Kolumbien, Peru und Bolivien bestimmt.[471] Das Wirtschaftshilfeprogramm soll den US-amerikanischen Operationsraum erweitern und die Rechtssituation im US-Sinne unterstützen - eine schöne Klarstellung über einen der Zwecke von "staatlichen Kredithilfen" und Wirtschaftsbeziehungen mit den lateinamerikanischen Staaten: Sie dienen dem umfassenden Hineinregieren in abhängige Nationen. Für die uneingeschränkte Geltung US-amerikanischen Rechts in Lateinamerika richten die USA nicht nur lauter Sondergesetze ein - sie lassen sich diesen Rechtsanspruch auch einiges kosten.

Als Mittel zur Durchsetzung ihres Anliegens erproben sie ein gewaltiges Erpressungsprogramm. Der Zugriff der USA über die militärische Komponente des Drogenkrieges ist nur ein Weg unter anderen, ein den anderen institutionellen Hebeln US-amerikanischer Drogenpolitik in Lateinamerika zugeordnetes Mittel. Auf die diplomatischen Druckmittel wurde ja bereits eingegangen. Auch ihr Markt und ihr Kredit kommen als politische Druck- und Drohmittel zum Einsatz. Die USA setzten die Abhängigkeit der Erträge der betroffenen lateinamerikanischen Nationen von der Benutzung des US-Markts ein, um vorzuführen, was sie diesen Staaten alles vorenthalten können, wenn sie sich nicht US-amerikanischen Interessen fügen. Die USA droht gleich mit ihrer Macht, ihren Markt gegen fremde Geschäftstätigkeit abzuriegeln. Diese Taktik enthält den Übergang zur offenen Drohung und soll die Partner zum Einlenken bewegen und bei ihnen die Bereitschaft zu neuen, kooperativeren Beziehungen stiften.[472]

Vor allem die Abhängigkeit der Andenstaaten von den Entwicklungsbanken ist Material potentieller Erpressungsmanöver, um lateinamerikanisches Wohlverhalten in Kernfragen wie der Kooperation im US-Drogenkrieg sicherzustellen.

> ...the Strategy requires that the decision of the United States in terms of foreign aid and other matters, such as *debt re-negotiations*, be linked to the willingness of the beneficiary to implement a vigorous program of executing the law against narcotics.[473]

Die Drogengesetzgebung von 1986 sieht vor, daß der US-Präsident jährlich bestätigt (*'certifies'*), daß die 25 wichtigsten "Drogenproduktions"- und "Drogentransitländer" vollständig mit den US-Anti-Drogen-Einheiten kooperieren (are *"cooperating fully"*[474]). *Decertification* hat automatisch eine Aussetzung von 50 Prozent aller Auslandshilfe für ein Jahr zur Folge. Die USA können auch alle Hilfe vorenthalten. Eine weitere automatisch eintretende Sanktion besteht darin, daß die *US-Executive Directors* von zahlreichen multilateralen Entwicklungsbanken (Weltbank, Internationaler Weltwährungsfond, *International Development Agency* und *Inter-American Development Bank*) gegen alle Kredite für dieses Land stimmen.

Der Kongreß hat dann 45 Tage Zeit, um die Liste jener Staaten, denen eine totale Kooperation mit den USA nicht bescheinigt wurde, zu überprüfen und zu revidieren, wenn a) ein "*vital national interest*" ('ein grundlegendes nationales Interesse'[475]) der USA gegeben ist (- "In Fällen, wo die US-Exekutive bestimmt, daß 'vorrangige nationale Interessen' involviert sind, können diese automatisch in Kraft tretenden Sanktionen zurückgestellt werden."[476] -) oder b) das betroffene Land allein und von sich aus entsprechende Maßnahmen gegen die Drogenproduktion gesetzt hat.[477] Während der Kampagne von 1988 des Präsidenten und des Kongresses, als Drogen zu einem *leading issue* wurden, ging der zweite zentrale *Anti-Drug Abuse Act* durch den Kongreß, der die Sanktionen gegen Länder, die die "*certification*"-Erfordernisse nicht erfüllten, noch verschärfte.[478] Die Freilassung Jorge Luis Ochoas, eines der Chefs des Kartells von Medellín, am 30. Dezember 1987, war z.B. ein Anlaß für die praktische Durchsetzung dieser Gesetze: Die USA ergriffen Sanktionen (*retaliatory measures*) gegen kolumbianische Importe und Touristen und verstärkten die Zolldurchsuchungen, woraufhin die Barco-Administration eine spezielle Versammlung der OAS einberief, um gegen die US-Maßnahmen zu protestieren.[479]

Durch die explizite Anbindung der Wirtschaftshilfe an die Annahme der militärischen Hilfe dient die US-Wirtschaftshilfe als Hebel, um die "Andenarmeen" in den Drogenkrieg zu involvieren. Das *State Department* selbst hat festgesetzt, a) daß Wirtschaftshilfe als ein Anreiz zurückzuhalten ist, um die Kooperation der Andenstaaten zu bewirken (- so hielten 1986 die USA Wirtschaftshilfe in der Höhe von 8,7 Millionen US-Dollar, die für Bolivien vorgesehen war, zurück, weil die Vernichtung von 4.000 Hektar Kokafeldern im Vorjahr nicht gelungen war -[480]) und b), daß Kooperation als Beteiligung der Streitkräfte der Andenstaaten am Krieg gegen die Drogen und als Akzeptanz der US-Militärhilfe definiert wird. So gewährte die Bush-Administration im ersten Jahr der Anden-Initiative keine Wirtschaftshilfe, sondern nur Militärhilfe und Unterstützung in den Bereichen Polizei und Justiz. Ökonomische Unterstützung sollte erst eingeführt werden, nachdem die militärische Zusammenarbeit begonnen hatte, um hinterher "zu ermöglichen, die destabilisierenden Auswirkungen, die durch die Eliminierung des Kokains - einer Haupteinnahmequelle - erwachsen, zu überwinden."[481]

An dem militärisch-strategischen Interesse der USA relativiert sich so beständig die wirtschaftliche Hilfe. Ein Land, das im Vorjahr als "Drogenproduktions"- und "Transitland" eingestuft wurde, kann - laut Drogengesetzgebung von 1986 - nicht als "*fully cooperating*" eingestuft werden, solange kein bilaterales Drogenabkommen ('*narcotic agreement*') mit den USA geschlossen ist.[482] Laut Internationaler Konferenz der Juristenkommission der Anden "stellt die Außenpolitik der USA bei der Vergabe von Wirtschaftshilfe" generell "ganz klar die Bedingung, daß zuvor ein Militärhilfeabkommen abzuschließen ist - was von keinem der Andenländer beantragt wurde."[483]

Wo sich die lateinamerikanischen Staaten ihrer Aufwertung als "Partner" im Drogenkrieg auch einen ökonomischen Nutzen für sich versprechen, wird ihnen von den USA bedeutet, daß so Freundschaft nicht (miß-)zuverstehen ist. Die Bush-Administration erteilt Vorstellungen, auch wenn sie vom Standpunkt der USA aus formuliert werden, nach denen durch großzügige Wirtschaftshilfe für den Andenraum die Drogenökonomie am effektivsten eingedämmt und die US-Interessen am besten auf Dauer gesichert würden, eine eindeutige Abfuhr. Auch die Vorstellung der kolumbianischen Regierung, die USA für ihre eigenen Ziele eines von Kolumbien dominierten andinen Wirtschaftsraums einzuspannen, ist von den USA sehr schnell abschlägig beschieden worden. Die Andenstaaten, die nach Konferenzen mit den USA immer "enttäuscht" sind, erfahren einmal mehr, daß es die USA sind, die in Lateinamerika die politischen und ökonomischen Ziele setzen und ihre Partner höchstens an der Verteilung der Lasten beteiligen. So zeigen auch Evaluierungen der Experten der "Internationalen Juristenkommission der Anden" bereits ein Jahr nach der Konferenz von Cartagena, daß die im Vergleich zur Wiener Konvention stärkere Betonung der "sozio-ökonomischen Bedeutung des Drogenhandels für die Andenstaaten" und einer *responsabilidad compartida* ('Anerkennung der Mitverantwortlichkeit') reine Rhetorik waren.[484]

SIEBTES KAPITEL: DER KRIEG ZWISCHEN DEN DROGENKARTELLEN UND DER KOLUMBIANISCHEN REGIERUNG - EIN RESULTAT DER US-DROGENPOLITIK IN LATEINAMERIKA

Der US-Präsident kann auf die Staatsgewalten der "Anbauländer" Kolumbien, Bolivien und Peru soviel Druck ausüben, daß sie auch auf ihrem Hoheitsgebiet dem Drogengeschäft den Kampf ansagen. Er zwingt Kolumbien einen Bürgerkrieg auf, nach dem dort niemand verlangt hat, der "von einem Großteil der [kolumbianischen] Bevölkerung in Zweifel gezogen" und als "*guerra no deseada*" ('unerwünschter Krieg')[485] abgelehnt wird. Daß die USA von der kolumbianischen Regierung die Unterstützung in ihrem Kampf fordern, führt überhaupt erst dazu, daß sich die zwei dort herrschenden Parteien und die führende Geschäftswelt, die sowieso weitgehend personalidentisch sind, in die beiden gegnerischen Fraktionen des kolumbianischen Drogenkrieges spalten. Sie fraktionieren den Staat, der keinen einheitlichen Willen mehr verkörpert. Die Spaltung reicht bis weit in Parteien, Regierung, Parlament, Militär, Polizei und Justizapparat hinein. Seit Beginn der 80er Jahre wechseln sich Phasen der Konfrontation und der Entspannung im Umgang mit den Drogenkartellen ab, je nachdem welche Fraktion oder welcher Standpunkt sich an der Spitze der kolumbianischen Regierung gerade durchsetzt.

Bis 1983 hatten die kolumbianischen Richter mit der üblichen Rechtspraxis keine größeren Schwierigkeiten, nach der Drogenbarone in (von eigenem Geld erbauten) Privatgefängnissen herrschaftlich residierten, gleich wieder freigekauft wurden oder aus Mangel an Beweisen nicht zu verurteilen waren.

"Business as usual" ändert sich im August 1983, als Belisario Betancur unter den Druck der Reagan-Administration gerät, die mit seiner Politik der Nicht-Auslieferung von Drogenhändlern und seinem Beitritt zum *Non-Aligned Movement* äußerst unzufrieden ist. Betancur ernennt einen neuen Justizminister, Lara Bonilla, der mit US-Unterstützung eine Kampagne gegen das Drogengeschäft vom Zaun bricht.[486] *El Espectador*, eine führende Tageszeitung, unterstützt den neuen Justizminister und veröffentlicht einige der früheren Straftaten Escobars. Der Krieg zwischen Kartell und Regierung beginnt. Im März 1984 wird Tranquilandia, das größte Kokainlabor des Medellín-Kartells, von der Polizei angegriffen. Es gibt zahlreiche Verhaftungen; sieben Flugzeuge, Waffen, Fahrzeuge und Chemikalien werden konfisziert und ca. 14 Tonnen Kokain vernichtet.

"Wahrscheinlich als Rache auf den Angriff auf Tranquilandia einige Wochen vorher" wird im April 1984 "der kolumbianische Justizminister Rodrigo Lara Bonilla...durch die Drogenmafia ermordet und kurze Zeit später der Richter, der diesen Fall"[487] untersucht. Unter dem Druck Washingtons sollen die kolumbianischen Richter nun anhand einer von US-Behörden erstellten "schwarzen Liste" Drogenhändler zur Aburteilung an die USA ausliefern. Den ersten Anträgen aus den USA wird stattgegeben, und Präsident Betancur macht Ernst mit dem Auslieferungsabkommen zwischen den Vereinigten Staaten und Kolumbien, das schon 1979 unterzeichnet worden war, aber bis zum Tod Bonillas noch nicht exekutiert worden war[488]: Es sieht "die Möglichkeit der Auslieferung kolumbianischer Drogenhändler an die Vereinigten Staaten und ihre Verurteilung dort"[489] vor, wenn diese im Zusammenhang mit dem Drogenhandel "gegen Gesetze der Vereinigten Staaten verstoßen haben, auch wenn diese Übertretung auf kolumbianischem Staatsgebiet stattfand."[490] Vor allem die Auslieferung Pablo Escobars wird zum entscheidenden Ziel erhoben. So personalisieren die verantwortlichen US-amerikanischen Politiker ihr Bedürfnis, den kolumbianischen Drogenhandel in den Griff zu bekommen. An Escobar kämpfen sie ihren Anspruch durch, nicht-genehme Geschäftstüchtigkeit hätte sich US-amerikanischen Vorbehalten zu beugen.

Die Auslieferung (*extradition*) bringt die Drogenbarone in Rage, weil sie wissen, daß die US-amerikanische Justiz für sie nicht käuflich ist und damit in Kolumbien die US-Definition der Händler als Kriminelle und nicht als erfolgreiche *businessmen* durchgesetzt ist. "Lieber ein Grab in Kolumbien, als eine Zelle in den USA", betont Escobar immer wieder.[491] Auf die Versuche der kolumbianischen Regierung juristisch gegen sie vorzugehen, antworten die Kartellchefs mit blutigem Terror. Sie tauchen unter und nennen sich *"extraditables"* (die Auslieferbaren), ermorden einen Staatsanwalt und kidnappen den Sohn eines früheren Präsidenten. Zur gleichen Zeit geben sie ein Manifest heraus, das Regierung, Presse, Kirche, Industrielle und Bankenwelt als "la mafia real" denunziert.

Von Panama aus (wohin sie sich - ausgenommen Lehder - zurückgezogen haben) unterbreiten sie im Mai 1984 Präsident Betancur mittels Generalstaatsanwalt Gómez, den sie dort treffen, einen ungewöhnlichen Friedensvertrag: Wenn die Regierung von Verfolgungen und Auslieferungen an die USA absieht und eine Generalamnestie ausruft, bieten sie an, die gesamte kolumbianische Auslandsschuld von ungefähr 14 Milliarden US$ zu bezahlen. Sie erklären sich bereit, ihr Kapital aus dem Ausland zurückzuholen und in nationale Entwicklungsprogramme zu investieren. Darüber hinaus schlagen sie vor, den Drogenhandel einzustellen und gar zu bekämpfen, ihre Laboratorien und Infrastruktur preiszugeben sowie den Umstieg auf alternative landwirtschaftliche Produkte zu unterstützen. Unter den Voraussetzungen des Drucks der US-Behörden verbietet sich natürlich jeder offizielle Deal der kolumbianischen Regierung mit der Drogenmafia, und so werden umfassende Waffenstillstandsangebote der Drogenmafia nach reiflicher Überlegung abgelehnt.[492] Der Krieg gegen die Kartelle wird fortgesetzt und intensiviert. Von dem Inkrafttreten des Auslieferungsvertrags bis 1987 werden 14 Drogenhändler an die US-Justiz ausgeliefert,[493] Bagley und Tokatlian schreiben von 28 Auslieferungen kolumbianischer Staatsbürger zwischen 1985 und 1990, darunter auch jene Lehders, eines Chefs des Medellín-Kartells, der in der Nähe von Medellín verhaftet und sofort an die USA ausgeliefert wird. Er ist der bedeutendste Drogendealer, der je vor Gericht stand.[494]

Die Kartelle sind für diesen Kampf gerüstet. Am freien Weltmarkt käuflich sind die notwendigen Waffen für ihre hochgerüsteten paramilitärischen Verbände, sowie Militärberater - Spezialisten und Söldner aus Israel und Großbritannien.[495] Bombenterror in kolumbianischen Städten und Attentate gegen Personen des öffentlichen Lebens, vor allem gegen "staatliche Repräsentanten", die sich dem "Geschäft" entgegenstellen, werden zur "ständigen Praxis des Medellín-Kartells"[496]. Während der nächsten Jahre gelingt es der Mafia, viele ihrer Gegner, darunter Guillermo Cano (den Herausgeber der größten kolumbianischen Tageszeitung *El Espectador*) und Colonel Ramírez (den Chef der Anti-Drogeneinheit, die Tranquilandia entdeckte) zu liquidieren. Über 50 Richter - darunter ein Dutzend vom Obersten Gerichtshof -, 150 bis 200 Justizangestellte und ca. 20 Journalisten fallen der Drogenmafia seit 1984 zum Opfer.[497] "Während der Amtszeit des Präsidenten Virgilio Barco von 1986 bis 1990 hat Kolumbien 6 Justizminister, von denen einer ermordet und einer bei einem Anschlag schwer verletzt"[498] wird. Während kooperationsbereiten Personen hohe Bestechungsgelder winken, riskieren gesetzestreue Beamte, aber auch Journalisten, die die Drogenkartelle kritisieren, ihr Leben. Viele Politiker und Richter sind nicht mehr willens, sich gegen die Drogenmafia zu stellen.

Die "Dichotomie "Auslieferung = Terror" - "Nicht-Auslieferung = Frieden"[499] läßt den neuen Präsidenten Virgilio Barco zu Beginn seiner Amtszeit 1986 eine Deeskalation des Drogenkriegs in Kolumbien anstreben und vor allem auf die

Verantwortung der "Konsumentenländer" für die Drogenproblematik pochen.[500] An seinem ersten Tag im Amt bezeichnet er die Möglichkeit des Einsatzes ausländischer Streitkräfte in Kolumbien - zum Kampf gegen die Drogen - noch emphatisch als "undenkbar"[501], und im Dezember 1987 beschließt der von den Kartellen stark eingeschüchterte Oberste Gerichtshof, daß das Auslieferungsverfahren mit den USA aus formalrechtlichen Gründen verfassungswidrig sei.

Unter dem der Druck der Vereinigten Staaten und dem Eindruck der US-Invasion in Bolivien (Operation "Hochofen") nimmt die Regierung Barco die Ermordung Canos, des Herausgebers der kolumbianischen Tageszeitung *El Espectador* zum Anlaß, um eine neue Offensive gegen den Drogenhandel zu starten[502]: Präsident Barco setzt das Auslieferungsabkommen wieder in Kraft. (Schließlich war ja auch mit ihm als damaligem Botschafter Kolumbiens in den USA das Abkommen ausgehandelt worden.) Damit wird eine neue Phase der blutigen Auseinandersetzung in Kolumbien eingeleitet, die bis zum Ende der Amtszeit Barcos dauern sollte: Kolumbien hält mit der Politik der USA Schritt und setzt alles auf den Erfolg in Polizei- und Justizangelegenheiten, das Aufbringen von drogenschmuggelnden Frachtern, das Durchsuchen Tausender von Häusern in Kolumbien und die Auslieferung von *narcos* an die USA. Armee und Polizei-Einheiten nehmen fast 800 Verdächtige fest.

Als Antwort auf Barcos Kampagne wird ein "ehemaliger Justizminister, Enrique Parejo González, der zu seinem Schutz als Botschafter nach Ungarn versetzt worden war"[503], im Jänner 1987 von Killern des Medellín-Kartells bis nach Budapest verfolgt und dort durch einen Anschlag schwer verletzt. Im November 1987 wird die Auslieferung eines verhafteten Bosses des Medellín-Kartells, Jorge Luis Ochoas, vom Obersten Gerichtshof verhindert. Er wird in Kolumbien eingesperrt, aber nach nur einem Monat Haft unter mysteriösen Umständen wieder freigelassen, was Strafmaßnahmen der USA nach sich zieht. "Der Generalstaatsanwalt Carlos Mauro Hoyos, der in Zusammenhang mit der Entlassung Jorge Ochoas aus dem Gefängnis gegen den Justizminister sowie gegen Richter und Justizbeamte ermittelt hatte, wird nach dem Erhalt mehrerer Morddrohungen im Jänner 1988 von der Drogenmafia"[504] ermordet. Zwei Richter und fünf Regierungsbeamte waren aufgrund von Hoyos Ermittlungen schon ihrer Ämter enthoben worden.

> Nachdem im August 1989 Carlos Valencia García, ein Richter am Obersten Gerichtshof, durch die Drogenmafia ermordet wird, treten die etwa 4.500 kolumbia-

> nischen Richter in den Streik, um gegen ihren ungenügenden Schutz zu protestieren, 300 reichen ihren Abschied ein: Die Drogenmafia hatte gedroht, für jeden an die USA ausgelieferten Verdächtigen zehn Richter zu ermorden. Doch schon eine Woche später blieb ihnen nichts weiter übrig, als ihre Arbeit wieder aufzunehmen, nachdem der aussichtsreichste Präsidentschaftsbewerber, Luis Carlos Galán, dem ein energisches Durchgreifen gegen die Drogenmafia zugetraut worden war, bei einer Wahlversammlung in einer Menge von 10.000 Anhängern"[erschossen worden war].[505]

Am selben Tag - am 18.8.1989 - wird auch Quintero, der Polizeichef von Antioquia ermordet. Für die Ermordung Galáns hatte die Drogenmafia eine halbe Million US$ ausgesetzt. Sie stellt den Höhepunkt der Attentate dar.[506]

Die Regierung Barco reagiert mit einer umfangreichen Verhaftungs- und Konfiskationswelle auf die Ermordung des populären Präsidentschaftsanwärters Galán, auf die die Drogenbosse Medellíns wiederum zuerst mit einer "Kriegserklärung" an den Staat und dann mit zahlreichen terroristischen Anschlägen und einer Serie von blutigen Attentaten antworten: In den vier Monaten nach Galáns Tod tötet das Kartell 187 Regierungsbeamte und Zivilisten (so die *Time*) und legt 250 Bomben.[507] Zuerst gehen in Medellín in knapp einer Woche über 20 Bomben mittlerer Sprengkraft hoch, später gibt es dann in Bogotá, Cali, Cartagena und Pereira weitere Bombenanschläge mit Toten und Verletzten. Zielscheiben sind z.B. das Gebäude der Tageszeitung *El Espectador*, ein Verkehrsflugzeug der kolumbianischen Fluglinie Avianca am 27. November 1989 (- alle 107 Insassen kommen ums Leben -) und ein Gebäude der kolumbianischen Drogenpolizei DAS am 6. Dezember 1989 (79 Tote und über tausend Verletzte). Die Antwort der Regierung sind Auslieferungen und die Erschießung Gachas, eines Führers des Medellín-Kartells Mitte Dezember 1989.[508] Mitte Jänner 1990 bieten die Drogenbarone gegen die Gewährung rechtsstaatlicher Garantien abermals den Ausstieg aus dem Drogengeschäft an. Präsident Barco lehnt den Vorschlag vorbehaltlos ab.

Nach einem vom Kartell von Medellín einseitig erklärten Waffenstillstand zum Regierungswechsel Barco-Gaviria wird der Terror als Antwort auf den Weltrekord von 1991 im Sicherstellen von Kokain (90 Tonnen) durch die Nationale Polizei Kolumbiens (*Policía Nacional*)[509] mit einer Reihe von Entführungen von Journalisten und Personen des öffentlichen Lebens Ende August fortgesetzt. Ein System sog. "gesichtsloser oder unsichtbarer Richter" (Richter mit Masken) wird eingeführt, um die Richter zu schützen.

Eines Krieges gegen eine devisenträchtige Branche seiner Geschäftswelt und seiner verheerenden Wirkungen (Terror, Attentate...) überdrüssig, beschließt Präsident Gaviria, Drogenhändlern Strafnachlaß im Austausch gegen "wirksame Zusammenarbeit"[510] zu gewähren, sowie Nicht-Auslieferung gegen freiwillige Selbststellung zu garantieren, woraufhin sich einige Drogenhändler der Justiz stellen.[511] Im Juni 1991 nimmt die Verfassungsgebende Versammlung das Verbot der in Kolumbien generell äußerst unpopulären Auslieferung kolumbianischer Staatsbürger an eine ausländische Justiz in die neue Verfassung auf: Am selben Tag entsteigt Escobar dem Untergrund, und die *extraditables* stellen ihre terroristischen Anschläge vorübergehend ein.

Escobar residiert herrschaftlich in einem nach seinen Entwürfen und auf seinem Grund und Boden errichteten Gefängnis, genannt "La Catedral" ('die Kathedrale'[512]), von wo aus er den Drogenhandel weiterorganisiert.[513] Als er in ein staatliches Gefängnis überstellt werden soll, besticht er einen Wärter und entkommt. Auch auf der Flucht vor der US-unterstützten Polizei und vor Todesschwadronen des konkurrierenden Kartells von Cali behält Escobar das Kartell fest im Griff. Ein Jahr nach seinem Ausbruch wird er am 2.12.1993 in Medellín schließlich "von einem Kommando des aus den Streitkräften, der Polizei und dem Geheimdienst zusammengesetzten *bloque de busqueda* ("Suchblock")"[514] erschossen. Das hat jedoch dem Erfolg und Ausmaß der Drogenindustrie keinen Abbruch getan, wenngleich auch die neuen Chefs an der Spitze der Kartelle mehr im Schatten agieren als ihre Vorgänger.

ZUSAMMENFASSUNG

Niedrigere Devisenerlöse der "Drittweltstaaten" aus dem Verkauf von Rohstoffen und Agrarprodukten, abnehmende Importe, wachsende Staatsverschuldung bei ständig sinkendem Anteil am internationalen Handel und spärlicher fließende "Entwicklungshilfe"-Gelder - die katastrophale ökonomische Situation in den "Verlierernationen" des Weltmarkts verschärft sich zusehends. Die Preise für die immer zu reichlich angebotenen Rohstoffe und landwirtschaftlichen Produkte aus "Drittweltländern" fallen, und die Exporteure sind ständig gezwungen, ihr Angebot zu vergrößern und so die Weltmarktpreise weiter zu verschlechtern. Für dasselbe Quantum Industriewaren aus den Industrieländern müssen von den "Entwicklungsländern" immer mehr Rohstoffe exportiert werden. Die Situation in zahlreichen Ländern Asiens, Afrikas und Lateinamerikas sind schlimmer denn je. Ein Teil der Staatenwelt samt einem Teil der Erdbevölkerung sind zum "Sozialfall" und zu bedeutungslosen "Armenhäusern" des Globus geworden und als solche abgeschrieben.

Die Staatsbankrotte und das nie verschwundene, wachsende Elend der Bevölkerung in vielen Ländern der "Dritten Welt" sind das Resultat von jahrzehntelanger Weltmarkteinbindung und erfolgreicher Unterordnung unter die Weltpolitik der Weltwirtschaftsmächte. Die neuen Staaten der entkolonialisierten Welt sind dem freien Handel und Kapitalverkehr der Metropolen des Weltmarkts unterworfen und für ihre Rolle in der "internationalen Arbeitsteilung" hergerichtet worden. Sie haben mit ihren Naturprodukten und Rohstoffen das Wachstum in den Metropolen des Weltmarkts beflügelt - dabei ist es ihnen selbst nicht gelungen, ihre heimischen Produkte für den Aufbau einer konkurrenzfähigen nationalen Wirtschaft zu nutzen. Die Entwicklung ehemaliger Kolonien zu souveränen Exporteuren von Südfrüchten und Rohstoffen, Giftmülldeponien und Militärbasen wurde durch Kredite und Waffenhilfe aus den Metropolen des Westens ermöglicht und vorangetrieben: Diese Staaten bekamen ein paar feste Straßen und Werkseisenbahnen zu den Exporthäfen gebaut, während der Rest dieser Länder verfiel.

Auch die von den USA seit den Unabhängigkeitskriegen gegen Spanien in Lateinamerika eingerichtete Ordnung sicherte den Abfluß der wirtschaftlichen Erlöse in die Taschen ausländischer Investoren. Wie andere ehemalige Kolonien sind die unabhängigen Staaten des lateinamerikanischen Halbkontinents - so auch die Staaten Kolumbien, Peru und Bolivien - im Zuge ihrer Einbindung in den Weltmarkt auf die Rolle des Lieferanten billiger Rohstoffe reduziert worden. Zu einem nationalen Wachstum und einer eigenen weltmarkttauglichen Wirtschaft haben sie es mit ihrer Einbeziehung in den Weltmarkt in den seltensten Fällen gebracht: Im Gegenteil - gute 80 Jahre "Entwicklung" unter US-Aufsicht und vor allem die Jahre von 1950 bis 1990, die Jahre der politischen Instrumentalisierung im Zuge des Ost-West-Gegensatzes, waren zerstörerisch: Sie haben nicht nur die lateinamerikanische Bevölkerung verelendet, sondern weite Teile des Kontinents auch für seine wirtschaftliche Ausbeutung unbrauchbar gemacht.

Mit ihrer ökonomischen Abhängigkeit von einzelnen Rohstoffen und deren Weltmarktpreis haben die Andenstaaten in den 80er und 90er Jahren wieder ihre Erfahrungen machen müssen: Durch das Sinken des Kaffeepreises auf dem Weltmarkt verlor Kolumbien einen enormen Teil seiner Einnahmen aus seiner bisherigen wichtigsten Devisenquelle - eine Situation, die sich dadurch noch verschlechterte, daß die Bush-Regierung im Juli 1989 im Namen der freien Marktkräfte das Internationale Kaffeeabkommen mit seinen Garantiepreisen für Rohkaffee zu Fall brachte. Auch die Weltmarktpreise für andere Exportprodukte der Region - Reis, Yucca, Mais oder Früchte - fallen, vor allem aber auch für Kupfer (das Hauptexportgut Perus) sowie den Rohstoff Zinn (das wichtigste Exportprodukt Boliviens), die beide einen ähnlichen Preisverfall wie der Kaffee durchmachen: Der Zinnkrach an der Londoner Metallbörse 1985 und der darauf folgende Erdrutsch der Zinnpreise auf dem Weltmarkt versetzte dem bolivianischen Bergbau endgültig den Todesstoß.

Der aktuelle Verfall vieler "Drittweltländer" hat seinen Grund darin, daß ihre staatliche Grundlage mit dem Interesse, das die am Weltmarkt erfolgreichen Nationen an ihnen entwickeln, steht und fällt: Ihre Souveränität war immer schon eine konzessionierte und alimentierte. Im Rahmen des Ost-West-Gleichgewichts erfüllten diese Nationen verschiedene Funktionen und bezogen aus dem Interesse der beiden weltpolitischen Lager an ihnen in wechselnden Anteilen - Waffen und Geld - als ihre "Lebensmittel". Mit dem Ende des Ost-West-Gegensatzes hat sich der Standpunkt der westlichen Führungsmächte zu den Staaten der "Dritten Welt" geändert: Das jahrzehntelang alles bestimmende strategische Interesse, in Konkurrenz und gegen die realsozialistische Gegenmacht der Sowjetunion auf dem ganzen Globus Einflußsphären zu sichern und diese Länder zuverlässig auf den Westen auszurichten, ist erloschen. Entfallen ist damit der geltende Gesichtspunkt der Nützlichkeit von westlicher "Entwicklungshilfe" an die Staatsgewalten der "Dritten Welt".

Den westlichen Führungsnationen des Weltmarkts drängen sich jetzt - wo die Einbeziehung der "Drittweltländer" in den Weltmarkt gelungen und gesichert sowie ihre Rolle in der weltpolitischen Konkurrenz der Ost-West-Konfrontation entfallen ist - neue Kosten-Nutzen-Rechnungen bezüglich des Kreditierens von Staatlichkeit in den Ländern Afrikas, Asiens und Lateinamerikas auf: In der "Entwicklungspolitik" tritt damit eine "Wende" ein. Jetzt, wo es auf die "Entwicklungsländer" politisch weniger denn je ankommt, können die tonangebenden Nationen ab sofort im Umgang mit den Ländern der "Dritten Welt" sorgloser kalkulieren - anders als zu Zeiten der Existenz der Sowjetunion und ihres Interesses, sich Staaten auf dem Globus freundschaftlich zu verbinden und einige von ihnen eben auch finanziell zu unterstützen. So manche aus diesem Grunde bezahlte "Entwicklungshilfe" ist versiegt, abgesehen von Geldern an jene Länder, die auch noch als Anlagesphären sonstwie von Interesse sind.

Seit der Einstellung der ausländischen Subsidien löst sich die letzte Grundlage vieler dieser Staaten auf: Eine wachsende Zahl von Ländern fällt immer mehr hinter den Status zurück, den sie schon einmal hatten und auf den sich ihre Entwicklungsambitionen gründeten. Von Straßen- und anderen Infrastrukturmaßnahmen über landwirtschaftliche Modernisierungsprojekte, den Aufbau eines Ausbildungswesens und Gesundheitssystems bis zu Sitz und Stimme im Kreis der Blockfreien - was es in diese Richtung an Bemühungen und Erfolgen zu einem nationalen Aufbau gegeben haben mag, zerfällt. Diese Staaten werden von den Führungsmächten des Weltmarkts abgeschrieben als Problemzonen, deren Entwicklung abgeschlossen ist. Die jahrelang gepflegten "entwicklungspolitischen" Ideale eines "partnerschaftlichen Nord-Süd-Dialogs" und der "Hilfe zur Selbsthilfe" werden jetzt als unzeitgemäß, die niederschmetternden Resultate von über 40 Jahren "Entwicklungspolitik" als bedauerliches Scheitern bestgemeinter Bemühungen bewertet. Das Resultat der internationalen Konkurrenz gilt als unwiderruflich und unumkehrbar, deshalb werden staatliche Korrekturen von den Gewinnern der Weltmarktkonkurrenz nur als verfälschend und sinnlos verurteilt. Letzteren kommt es vielerorts nur noch auf Verwaltung und Beaufsichtigung der Krisenregionen in der "Dritten Welt" an, um eine Störung des weltweiten Geschäfts zu verhindern.

Dieser Standpunkt der Industriestaaten bestimmt erst recht den Blick auf die Bevölkerungsmehrheiten in diesen Ländern, die - aufgrund des Status der betroffenen Staaten als abhängige Agrar- und Rohstofflieferanten - dem gewaltsamen Entzug und Ausverkauf ihrer Subsistenzmöglichkeiten ausgeliefert sind, aber nur zu einem Bruchteil in den paar lohnend zu betreibenden Fabriken, Minen und Farmen eine (wenn auch noch so triste) Lebensgrundlage finden. Vier Fünftel der Bevölkerung dort sind verelendeter denn je. Mit dem Urteil "zu viele Menschen!" (so auch der Tenor der letzten UNO-Weltbevölkerungskonferenz) ist alles über sie gesagt: Sie stören. Übrig bleibt nur der karitative Hilfsstandpunkt - die Ideale, durch eine nachhaltige Verbesserung der Lebensbedingungen in der "Dritten Welt" die Möglichkeiten dieser Menschen zu entwickeln, sind verabschiedet.

Drogen - ein ganz normales "Drittweltgeschäft"

Auf der Suche nach einer zahlungsfähigen Nachfrage, die sie bedienen könnten, haben geschäftstüchtige Clans in den wirtschaftlich daniederliegenden Andenstaaten, vor allem in Kolumbien, die enorme und stetig wachsende Nachfrage nach Drogen aus den USA und aus anderen Industrieländern für sich genutzt und die kolumbianischen Kokainkartelle aufgebaut. Zur langen Reihe der aus Südamerika stammenden Exportrohstoffe ist so ein neuer dazugekommen: die Droge (Koka/Kokain und seit einigen Jahren auch Opium). In Kolumbien, wo weltweit am meisten Kokain produziert wird, hat die Droge den Kaffee als wichtigstes Exportprodukt abgelöst. In den Andenstaaten Peru und Bolivien bildet die Kokaproduktion den einzigen blühenden Sektor der daniederliegenden Wirtschaft und eine ansehnliche Devisenquelle.

Millionen von Konsumenten haben den Drogenhandel vor allem in den letzten zwei Jahrzehnten zu einem der dynamischsten Wirtschaftszweige mit enormen Gewinnraten gemacht. Nach Schätzungen der UNO wird mit jährlich 300-400 Mrd. US$ weltweit mehr Geld für Drogen als für Ernährung ausgegeben. Der wichtigste Absatzmarkt für Drogen sind die USA. Das Drogengeschäft ist - wie jedes große Geschäft - als internationales organisiert. Die zentrale Bedeutung Kolumbiens im internationalen Drogenhandel beruht nicht auf dem Kokaanbau (- auf Kolumbien entfallen etwa nur 10% des Kokaanbaus der Andenregion -), sondern darauf, daß dort die aus Bolivien und Peru gelieferte Kokapaste endverarbeitet wird und kolumbianische Kartelle den Vertrieb der Drogen in die westlichen Industrieländer kontrollieren. Die Zentren des Drogengeschäfts sind Cali und die Zwei-Millionen-Einwohner-Stadt Medellín, die wichtigste Industriestadt Kolumbiens.

Wie für jedes andere Produkt der südamerikanischen Ökonomie gilt für Kokain und andere Drogen das ökonomische Gesetz der Marktwirtschaft: Angebot und

Nachfrage kommen auch hier nur deshalb zusammen, weil mit Drogen Geld zu verdienen ist. Die Rentabilität (ein über den Herstellungskosten liegender, möglichst hoher Überschuß in Geldform) ist hier wie sonst auch Zweck und Maßstab aller marktwirtschaftlichen Produktion. Kein Bedürfnis gilt hier etwas, außer in Form einer zahlungsfähigen Nachfrage, die ein lohnendes Geschäft ermöglicht.

Das Angebot an Drogen und die Belieferung der Konsumenten damit kommt auf genau dieselbe Art und Weise zustande wie die Versorgung des Marktes mit anderen Waren. Wenn es nicht ums Geschäft ginge, bestünde auch kein Interesse, ein Bedürfnis nach Drogen zu wecken und diesem Bedürfnis durch Angebote entgegenzukommen. Wenn jedes Bedürfnis nur bedient wird, weil und soweit sich daraus Geld schlagen läßt, dann wird aber umgekehrt auch jedes Bedürfnis befriedigt, aus dem sich ein Geschäft machen läßt. Da ist auch die Gesundheitsgefährdung durch den Drogenkonsum kein ernstzunehmender Einwand gegen ein florierendes Geschäft.

Immer wieder wird in der Literatur betont, daß die kleine Gruppe von illegalen Unternehmern, die an der Spitze der Kartelle von Cali und Medellín steht (-teils hatte sie Erfahrung im Smaragdschmuggel und im wenige Jahre zuvor florierenden Marihuanageschäft -), mit dem Kokainhandel "Südamerikas einzigen erfolgreichen Multinationalen Konzern" aufgebaut habe. Tatsächlich kontrolliert sie Anbau und Verarbeitung in den drogenproduzierenden Ländern der Andenregion, den Transport und die Verteilung in den westlichen Industrieländern. Angebrachter wäre allerdings die Charakterisierung als internationale Handelsagentur: Es handelt sich hier trotz des großen Umfanges des Kokaingeschäfts nicht um einen Kapital exportierenden Konzern, sondern um den bornierten Export eines landwirtschaftlichen Produkts.

Von den Marktchancen der Kokapflanze hängt das Überleben hunderttausender Menschen in Südamerika ab. In der Anden- und Amazonasregion leben schätzungsweise über zwei Millionen Menschen direkt von den illegalen Einkünften aus dem Anbau der Kokapflanze, der Verarbeitung zu Kokain und seiner weiteren Vermarktung. Für die Produktionsverhältnisse, die die Bevölkerung ganzer Landstriche Lateinamerikas vom Geschäft der Drogenkartelle abhängig machen, sorgen nicht die Drogenpflanzen, sondern die weltweit durchgesetzten Regeln der Marktwirtschaft. Daß die Bevölkerung ganzer Regionen vom Geschäft der Drogenbarone abhängig geworden ist, ist eine ganz normale Begleiterscheinung des freien Weltmarkts und überhaupt keine Besonderheit der Droge: Die landwirtschaftliche Produktion ist auch sonst den Geschäftskriterien des Welmarkts unterworfen.

Wie bei der Produktion anderer, legaler landwirtschaftlicher Produkte und Rohstoffe aus der sog. "Dritten Welt" wie Kakao oder Zinn sind auch bei der Pflanzung von Kokasträuchern und der Kokaherstellung die betroffenen Bauern und ländlichen Zuarbeiter abhängige Variablen ihres Exportzweigs - abhängig von dessen Erfolg auf dem Weltmarkt. Auch hier entscheidet der Weltmarktpreis über das Schicksal der Bevölkerung ganzer Regionen - ein Weltmarktpreis, der in diesem Fall allerdings nicht an den Finanzmärkten und den Rohstoff-, Getreide- und Kaffeebörsen der Metropolen, sondern im Straßenverkauf festgelegt wird.

Zu den Zuarbeitern der Drogenkartelle zählen ca. 80.000 Bauernfamilien, denen die Koka auch bei schwankenden Preisen Einnahmen sichert, die ihnen legale Agrargüter niemals verschaffen könnten. Schon ein bis drei Hektar Kokapflanzungen können eine kleine Familie samt saisonaler Arbeitskraft ernähren. Die Kokaproduzenten besitzen zumeist nicht mehr als eine Parzelle von durchschnittlich 10 ha, die häufig nochmals unter mehreren Personen aufgeteilt wird, z.B. unter den in die Kokaanbauregionen migrierten Verwandten. In Kolumbien sind es vor allem die Bauern in den ehemaligen *zonas cafeteras*, die aufgrund des Sturzes des internationalen Kaffeepreises auf den Anbau von Koka (und in zunehmendem Maße auch Mohnpflanzen) umsteigen, um ihr Überleben zu sichern. In Bolivien handelt es sich seit Mitte der 80er Jahre verstärkt um (in folge des Zusammenbruchs des Zinnpreises) massenweise entlassene ehemalige Minenarbeiter der unrentablen staatlichen Zinnminen.

Für die besitzlosen Zuwanderer sind vor allem auch die minimalen Investitionskosten attraktiv. Auf den in Folge der Brandrodung ökologisch ruinierten Böden, wo weder Kaffee, Tee, Kakao noch Früchte wachsen, sind Kokastrauchkulturen auch unter agrarwirtschaftlichen Gesichtspunkten als relativ anspruchslose Dauerkulturen bestens geeignet. Darüber hinaus ist Koka aufgrund seiner Unverderblichkeit leicht zu lagern und zu transportieren. Anbau und Export von Koka sind - den Regeln des freien Weltmarktes entsprechend - das Geeignetste für die Bauern.

Versuche, die Landarbeiter und Bauern mit Ersatzprodukten vom Kokaanbau wegzubringen, bleiben erfolglos, solange Alternativprodukte wie Kaffee, Kakao, Mais, Tee, Gummi, Palmherzen, Reis, Avocados, Orangen und Bananen weitaus weniger einbringen. Die Substitutionspolitik hat manchmal gar das Gegenteil der beabsichtigten Wirkung zur Folge: Die Perspektive, für die Umstellung auf Alternativprodukte finanzielle Unterstützung zu erhalten, verlockt die Bauern dazu, zunächst mehr Kokapflanzen anzubauen, oder bringt sie überhaupt erst auf diese Tätigkeit.

Wie auch bei fast jedem legalen Geschäft mit Agrargütern und Rohstoffen aus Ländern der sog. "Dritten Welt" macht bei der Drogenproduktion eine kleine Gruppe von Geschäftsleuten riesige Gewinne, und die landwirtschaftlichen und anderen Zuarbeiter erhalten die in "Drittweltländern" üblichen Hungerlöhne. Zwischen Erzeuger- und Endabnehmerpreisen klaffen Spannen von mehreren 1000%. Das Gros der Gewinne der Drogenbarone wird in den Industrieländern angelegt: auf Schweizer und US-Banken.

Obwohl die Landbevölkerung, die den Drogenkartellen zuarbeitet, sich mit dem geringsten Gewinnanteil zufrieden geben muß, lebt sie besser als die auf legalen Plantagen, da sich die Kartellchefs ihre Zuarbeiter durch die eine oder andere "Sozialleistung" gewogen halten und sich so Rückzugsgebiete finanzieren wollen. Die Kartellchefs legen eben - zusätzlich zu ihren Bankkonten in der Schweiz - auch Wert auf eine Infrastruktur für ihr Geschäft und sozialen Status in Kolumbien. Trotzdem machen Ausgaben dieser Art und die Kosten für die Landarbeiterlöhne nur einen Bruchteil von dem aus, was die Drogenbarone für die Herstellung und den Transport ihrer Ware ausgeben. Und bei Aktionen (wie der gelegentlichen Elektrifizierung eines Stadtviertels, Spenden an populäre Sportclubs sowie für wohltätige Zwecke), die ihnen eine gewisse lokale Popularität einbrachten, handelt es sich um Abfallprodukte des Geschäfts, um einen Paternalismus, wie er - obwohl auch in geringerem Ausmaß - auch von der traditionellen Elite gepflegt wird.

Auch was zahlreiche zerstörerische Wirkungen der Drogenproduktion auf die Menschen und die Natur der Anden- und Amazonasregion (wie die Rodung von Wäldern und die Vergiftung von Flüssen sowie die Sterilisation von Böden durch die giftigen Rückstände der Kokainraffinierung in den Regenwaldgebieten) betrifft, verhält es sich ähnlich wie bei anderen legalen Geschäften mit Rohstoffen aus der "Dritten Welt": Die ruinösen Folgen ihres Geschäfts (wie z.B. die Zerstörung der Natur) gehen die Geschäftswelt nichts an, genausowenig wie die Ausbeutung bei der Produktion.

Das Verhältnis zwischen den Drogenbaronen und der kolumbianischen Guerilla

Der Umgang der Staatsmacht in den Anden mit ihrer Bevölkerung, welche ihr zum Großteil entweder gleichgültig ist oder von ihr gar prinzipiell als Störung und ökonomische Last wahrgenommen wird, gestaltet sich brutal: In den 80er Jahren wurden in Kolumbien an die 12.000 Menschen aus politischen Gründen von Todesschwadronen - vorwiegend mit Unterstützung der Armee und der Sicherheitsdienste - ermordet. Hunderte dieser politisch motivierten Attentate und Massaker sind paramilitärischen Organisationen, die Drogenhändlern unterstehen und von diesen finanziert werden, zuzuordnen. Beim Kampf der rechten Kräfte im Land gegen die linke Opposition und die Guerilla sind die Drogenbarone in Kolumbien Verbündete der hohen Militärs und Großgrundbesitzer. Aus den gleichen Gründen warum in Kolumbien die vier Guerilla-Bewegungen sowie Gewerkschafter und andere Linke... auf der Abschußliste des legalen Geschäfts (z.B. von Agrarkonzernen und Plantagenbesitzern) stehen, werden sie auch vom illegalen Geschäft - speziell den Drogenkartellen - verfolgt.

Die Feindschaft der kolumbianischen Drogenbosse gegenüber den vier Guerilla-Bewegungen hat ihren Grund zuerst einmal darin, daß diese ihnen in den Anbaugebieten von Koka und Mohn sowohl als Aufwiegler als auch als Steuereintreiber in die Quere kommen. In den vom Geschäft der Drogenkartelle abhängigen landwirtschaftlichen Zuarbeitern hat die älteste und größte Bauernguerilla Kolumbiens, die FARC (deren Mitglieder sich zumindest zu einem Drittel in Regionen befinden, die mittlerweile Kokaanbauregionen sind), eine politische Basis entdeckt und sich zur bewaffneten Gewerkschaft für Kolumbiens Kokabauern entwickelt.

Darüber hinaus gibt es einen weiteren wichtigen Reibungspunkt zwischen Drogenbaronen und Guerilla: Mitte der 80er Jahre begannen die führenden Drogenhändler Ländereien aufzukaufen. Sie besitzen heute ca. 20% der besten Böden des Landes. Die Drogenbosse als neue Grundherren waren nicht bereit, die von den Aufständischen traditionell erhobenen Abgaben zu entrichten. Aus diesem Grund rekrutierten sie große paramilitärische Einheiten, die ihre Aktivitäten bald auch auf die Verfolgung von Arbeiter- und Bauernvertretern sowie Mitgliedern linker Parteien ausweiteten und neben gezielten Morden auch eine Reihe von Massakern begingen.

Drogen - kein Problem für die Andenregierungen

Die Regierungen der Andenstaaten haben von sich aus gar kein Interesse an der Behinderung und Kriminalisierung des Drogengeschäfts, handelt es sich doch um eine wichtige Abteilung der wirtschaftspolitischen Elite innerhalb ihrer Gesellschaften, eine blühende Branche der nationalen Ökonomie und ihre einzige florierende - dringend benötigte - Devisenquelle. Von offizieller Seite wie auch von Experten und einer kritischen Öffentlichkeit wird das Ausmaß und die ökonomische Bedeutung des Drogengeschäfts für die "Anbaustaaten" Peru, Bolivien und Kolumbien - in Anbetracht sinkender Weltmarktpreise für andere Exportgüter aus den Anden - immer wieder hervorgehoben. Ein beträchtlicher Teil der Gewinne aus dem Drogengeschäft floß und fließt in die restliche kolumbianische Wirtschaft - in Immobilien und Ländereien, aber auch in Handel, Viehzucht, Wohnungsbau und den Tourismus. Investitionsmittel aus Drogenquellen bescherten Medellín und Cali einen gewissen Wirtschafts- und Bauboom.

Kokainhändler waren deshalb zunächst keine Gruppe am Rande der Gesellschaft. Die Großen der Kartelle in Kolumbien (wie Pablo Emilio Escobar, Jorge Luis Ochoa, José Gonzalo Rodríguez und Carlos Lehder Rivas) wurden - bis zum erfolgten Druck der USA zur Bekämpfung der Kartelle - als erfolgreiche Unternehmer und Industriekapitäne angesehen. Die Kartelle von Cali und Medellín verfügten über ihre eigene politische Partei, zwei Zeitungen, einen Kongreßabgeordneten und wichtige Verbindungen zu Politikern und Geschäftsleuten (nicht nur in Kolumbien, sondern auch in den USA und anderswo) sowie auch zur katholische Kirche in Kolumbien, die mit großen Spenden der Drogenkartelle unterstützt wurde.

Dazu kommt, daß die Staatsmänner der Andenländer den Drogenkonsum ihrer Bevölkerung nicht in gleicher Art und Weise als Problem für ihre Gesellschaft beurteilen wie Politiker in den westeuropäischen Staaten oder den USA. Das Kokakauen zum Beispiel wird - ganz im Gegenteil - in Bolivien und Peru als Mittel geschätzt, das der indigenen Bevölkerung dabei hilft, sich in ihren katastrophalen Lebens- und Arbeitsverhältnissen (harte landwirtschaftliche Tätigkeit, Unterernährung, Kälte, weite Wegstrecken, keine medizinische Versorgung...) besser einzurichten. Die Kokapflanze verfügt über eine Reihe wichtiger Vitamine und Mineralstoffe, die den *indígenas* der Andenregion (bei der herrschenden katastrophalen Ernährungssituation) ohne Koka fehlen würden. Die Kokablätter spielen darüber hinaus eine wichtige Rolle als Heilmittel, besonders in abgelegenen Regionen ohne ärztliche Versorgung. Sie werden vor allem gegen die *soroche* genannte Höhenkrankheit verwendet, dämpfen das Hungergefühl und erleichtern das Leben im kalten Hochland.

Die Zahl der Kokakauer, der sog. *coqueros*, wird für ganz Lateinamerika heute auf 8-15 Millionen geschätzt. Ist in der westlich geprägten städtischen Kultur der Andenländer das Kauen der Kokablätter als "indianisch" verpönt, so ist im Gegensatz dazu für die *indígenas* das Verteilen und gemeinsame Kauen der Kokablätter ein seit Inkatagen geschätzter Bestandteil aller gesellschaftlichen Anlässe der Dorfgemeinschaft. Vertreter von *Indígena*-Organisationen haben die Kokapflanze zum Symbol für den Kampf der indigenen Völker Lateinamerikas um die Erhaltung ihrer kulturellen Identität und den Widerstand gegen die Ausrottung und Kommerzialisierung ihrer Kultdroge zu einer Aufgabe ihrer politischen Organisationen gemacht.

Seit die Kokainherstellung in den letzten Jahren zu einem wichtigen Wirtschafts- und Exportzweig geworden ist, werden in den Drogenproduktionsgebieten auch die mit Chemikalien stark verunreinigten Abfall- und Zwischenprodukte der Kokainproduktion konsumiert. Millionen zählen heute zu den regelmäßigen Konsumenten und Süchtigen - vor allem Kinder und Jugendliche, die in enger Verbindung mit dem Verarbeitungsprozeß der Kokablätter stehen. Die rasante Zunahme des gesundheitsschädigenden Rauchens der Kokapaste wird - wie der traditionelle Kokakonsum - von den Staaten dort an sich nicht als Problem betrachtet; sie nehmen gegenüber dem Großteil ihrer Bevölkerung den Standpunkt der staatlichen Gesundheitsvorsorge entweder gar nicht oder - im Vergleich zu den Industriestaaten - nur in sehr lockerer Art und Weise ein. Auch sonst besteht ja kein staatliches Interesse an den vom Drogenkonsum betroffenen Bevölkerungsteilen und der Verbesserung ihrer Lebensbedingungen.

Auch in der territorialen Einschränkung und Ergänzung der Staatsmacht durch die Drogenkartelle sehen Staatsmänner in den Anden keinen zwingenden Einwand gegen das Drogengeschäft. Ebensowenig wie es sie stört, daß sich Agrarkonzerne und legale Großgrundbesitzer in ganzen Landstrichen wie die Staatsmacht verhalten, stört es sie, wenn Drogenbarone mit ihren Aufsehern und Privatarmeen für eine ihnen genehme Ordnung sorgen. Vom Standpunkt der Regierungen der lateinamerikanischen "Drogenanbaustaaten" besteht zwischen den Privatarmeen der Großgrundbesitzer und jenen der Drogenbarone an sich kein Unterschied. Großgrundbesitzer in Kolumbien sind über Jahrzehnte richtiggehend zur Bildung und zum Einsatz paramilitärischer Gruppen zur Unterstützung der Armee gegen "Feinde im Innern" und zur Kriminalitätsbekämpfung ermuntert worden. Der überwiegende Teil der Großgrundbesitzer in Kolumbien betreibt die eine oder andere Form von privatem Selbstschutz, vor allem in Gebieten mit starker Guerillapräsenz. Der kolumbianische Staat sieht sich durch die bewaffneten Territorialherrschaften von Großgrundbesitzern und Konzernen nicht beschränkt, sondern ergänzt. Erst durch den Druck anderer Staaten - vor allem der USA - wird die Durchsetzung des staatlichen Gewaltmonopols nach innen in bezug auf die Drogenkartelle zu einem Problem für den kolumbianischen Staat.

Bushs *drug war* - eine zeitgemäße Spielart des US-Ordnungsanspruches in der Region

Mit seiner im September 1989 vorgestellten Drogenbekämpfungsstrategie hat Präsident Bush vor dem Krieg gegen Saddam Hussein noch ein anderes Markenzeichen für seine Präsidentschaft gefunden: "Krieg den Drogensyndikaten" und der "Drogenseuche von Millionen von Amerikanern". Die Richtlinie - mehr Gefängnisse im Innern der Vereinigten Staaten und mehr Waffen und Militärberater aus den USA für die betroffenen Staaten in Lateinamerika ("*source countries*") - steht von Anfang an außer Zweifel.

Da der Drogenhandel als internationaler Geschäftszweig organisiert ist, steht für die Regierungen der führenden Industrienationen fest, daß sie ihren Kampf gegen die Droge nicht nur auf ihrem eigenen Staatsgebiet führen können, sondern andere Staatsgewalten für ihr Anliegen mit in die Pflicht genommen werden müssen. In den Vereinigten Staaten völlig durchgesetzt und beinahe allen selbstverständlich wie ein Naturgesetz ist der folgende Standpunkt: Wenn der US-Präsident einen Kampf gegen den Drogenkonsum seiner Staatsbürger beschließt und mit der Drogenkriminalität die US-Staatsmacht in Frage gestellt sieht, dann müssen Drogen eben in erster Linie dort bekämpft werden, wo es den USA am wenigsten Schwierigkeiten bereitet: nämlich im Ausland - speziell in jenen lateinamerikanischen Staaten, die den Großteil des in den USA konsumierten Kokains produzieren (Kolumbien, Peru und Bolivien). Dann gilt selbstverständlich, daß auswärtige Staatsgewalten die Vereinigten Staaten in dieser Angelegenheit zu unterstützen haben und daraufhin überprüft werden, ob und inwiefern ihre Unterstützung zu wünschen übrig läßt - sei es, daß sie nicht können, nicht genügend wollen oder (- im schlimmsten Falle -) den USA Schaden zufügen wollen. Aus einem innenpolitischen Rechtsproblem der Vereinigten Staaten wird so ein außenpolitischer Anspruch an die anderen politischen Souveräne der Staatenwelt. Grundsätzlich befreundete Staaten wie jene der Andenregion werden bei der Gelegenheit von Washington zu mehr Kooperationsbereitschaft aufgefordert.

Die Regierungen in Kolumbien, Bolivien und Peru kann der US-Präsident so unter Druck setzen, daß die sich den Anliegen des "großen Nachbarn im Norden" unterordnen und auch in ihrem Hoheitsbereich die Drogenproduktion bekämpfen, obwohl sie selber kein Interesse an dieser Kriminalisierung haben. Hier kommt die traditionelle Rolle Lateinamerikas als Einflußsphäre der USA zum Tragen. Daß die Vereinigten Staaten den "Anbaustaaten" Kolumbien, Peru und Bolivien ihren Drogenkrieg aufdrängen können, hat seine Grundlage in der US-amerikanischen Vorherrschaft in Lateinamerika, die längst durchgesetzt ist.

Der Krieg gegen die Drogenökonomie in der Andenregion ist eine zeitgemäße Spielart des US-Ordnungsanspruchs in der Region. Innerhalb der US-Lateinamerikapolitik haben mit dem Ende der Ost-West-Konfrontation ein Schwerpunkt und eine Region die anderen abgelöst. In den Zeiten des Ost-West-Gegensatzes war die Eindämmung des Kommunismus die US-Priorität in Lateinamerika. Aus übergeordneten Erwägungen einer Weltordnung, die der US-amerikanischen Macht nützte, wurde gewissen Drogenhändlern in der "Dritten Welt" Freiraum gewährt. Die Liste der in den Drogenhandel involvierten und von den USA geduldeten befreundeten Staaten und politischen Kräfte ist lang und reicht von den nicaraguanischen *contras* und dem panamesischen General Noriega über die afghanischen *mujaheddin* bis zu in den Opiumhandel verstrickten CIA-unterstützten Ethnien in Südostasien.

Seit dem Ende der Sowjetunion geht es den USA bei der Ordnung in "ihrer Hemisphäre" nicht mehr vorrangig um die Bekämpfung des Kommunismus als einer Gefahr. Sie wollen vielmehr zu ihrer alten "Hinterhof"-Definition aus der Zeit vor dem Ost-West-Gegensatz zurückkehren. Daß die Sicherung von Einflußzonen gegen und in Konkurrenz zur Sowjetunion hinfällig geworden ist und der lateinamerikanische Halbkontinent ökonomisch ruiniert ist, bedeutet nicht, er würde aus dem US-amerikanischen Einfluß- und Machtbereich entlassen. Der Kampf gegen den Kommunismus während der Zeit der Ost-West-Konfrontation war eben nur *ein* spezielles US-Interesse unter diversen anderen US-Interessen in der Region.

Von vornherein steht fest, wie sich der zwischenstaatliche Dialog zwischen "Drogenanbau"- und "Abnehmerländern" gestaltet: Die USA (und auch die Europäische Union) führen keine Verhandlungen, in denen um Interessen gefeilscht wird; das "Angebot", die "Anbauländer" beim Kampf gegen die Drogenkriminalität zu "unterstützen", ist nichts anderes als die imperialistische Vorschrift der "Konsumentenländer", ihren Fahndungs- und Bestrafungsstandpunkt zu übernehmen. Da es sich keine lateinamerikanische Regierung erlauben kann und will, die "Hilfe" der USA zurückzuweisen, setzen sie umgekehrt darauf, daß ihr Engagement im US-Drogenkrieg durch ein paar zusätzliche Kreditgelder für ihre Staatskassen honoriert wird.

Die von Bush dem Kongreß im Jänner 1990 vorgelegte *Andean Strategy* sieht vor, das Angebot an Kokain in den USA bis Ende 1991 um 15 % und bis 1999 um 60 % zu reduzieren. Ein Novum der Strategie der Bush-Administration im Vergleich zu früheren Drogenkriegen ist das Übertragen von Aufgaben im Bereich der Drogenbekämpfung, die bislang in die Kompetenz der Polizei fielen, an das Militär. Durch die eingeleitete militärische und militärpolitische Kooperation gegen die Drogenproduktion verstärken die Vereinigten Staaten ihren bestimmenden Einfluß auf die politische und militärische Ausrichtung der Staaten der Andenregion. Mit vielfältigen Kontakten, Partnerschaften, Konferenzen und Manövern füllen sie ihren neuen Zuständigkeitsbereich aus: Die USA sind inzwischen selbstverständlich in den Andenstaaten präsent - nicht nur mit Hunderten von Agenten der DEA, einem Aufgebot anderer US-*agencies* (wie auch dem CIA, der bereits ein Viertel seines Lateinamerika-Budgets für den Drogenkrieg ausgibt), sondern auch mit Truppen. Für Millionen von US$ werden Polizei und Militär in den Anden in Sachen Ausrüstung, Planung und Durchführung von militärischen Operationen beraten. Militärische Zusammenarbeit wird geübt und praktiziert.

Die Vernichtung (*eradication)* der Koka- und Mohnpflanzen mit biologischen und chemischen Pflanzenvertilgungs- und Entlaubungsmitteln ist fester Bestandteil des Drogenkrieges der USA und wird in fünfzehn Staaten betrieben. Der "chemische Krieg" gegen die Kokabauern wird mit in den Vereinigten Staaten zum überwiegenden Teil nicht genehmigten Herbiziden geführt: z.B. mit den höchst gefährlich eingeschätzten Produkten *Glifosato* und *Tebutiuron* - besser bekannt als *Spike*. Die Entlaubungsmittel kommen auch im Kampf gegen oppositionelle Gruppen zum Einsatz. In Peru und Kolumbien geht Militärhilfe für Drogenbekämpfungsprogramme direkt an *counter-insurgency*-Kampagnen:

Neben dem Krieg gegen die "neuen" Feinde - Kokabauern und Drogenhändler - ist so der Kampf gegen die "alten Feinde" - linke Aufständische - explizit Teil des Drogenkriegs.

Ob sie wollen oder nicht - die Regierungen der "Anbauländer" Bolivien, Peru und Kolumbien bekommen (neben US-amerikanischen Militärberatern) "Unterstützung" in Milliardenhöhe für einen Krieg gegen das Drogengeschäft, den sie ohne die USA gar nicht führen würden, wie auch "Hilfe" zur Bewältigung einer Krise, die sie ohne die Vereinigten Staaten gar nicht hätten. Die Bush-Administration hat für den Zeitraum von 1990 bis 1994 ein "Wirtschaftshilfeprogramm" im Ausmaß von 2,2 Milliarden US-Dollar verabschiedet. Durch die explizite Anbindung der Wirtschaftshilfe an die Annahme der militärischen Hilfe und Einmischung dienen die US-Wirtschaftshilfegelder als Hebel, um die Armeen der Andenstaaten in den Drogenkrieg einzubinden. Die Abriegelung des US-Markts gegenüber Waren aus den Andenländern wird als politisches Druck- und Drohmittel eingesetzt: Die Abhängigkeit der Erträge der betroffenen lateinamerikanischen Nationen von der Benutzung des US-Markts - und vor allem auch ihre Abhängigkeit von den Entwicklungsbanken - wird gegen die Andenstaaten in Anschlag gebracht.

So zwingen die USA Kolumbien einen Bürgerkrieg auf, nach dem dort niemand verlangt hat. Durch den Druck Washingtons wird erreicht, daß die kolumbianischen Richter anhand einer von US-Behörden erstellten "schwarzen Liste" Drogenhändler zur Aburteilung an die Vereinigten Staaten ausliefern. Weil die USA von der kolumbianischen Regierung die Unterstützung in ihrem Kampf fordern, kommt es überhaupt erst zur Spaltung der wirtschaftspolitischen Elite in die beiden gegnerischen Fraktionen des kolumbianischen Drogenkrieges. Die Spaltung zieht sich durch Militär, Polizei und Justizapparat. Seit Mitte der 80er Jahre durchläuft die Auseinandersetzung zwischen der kolumbianischen Regierung und den Kartellen Phasen der Konfrontation und der Entspannung, je nachdem welcher Standpunkt oder welche Fraktion sich an der Spitze des kolumbianischen Staates gerade Geltung verschafft.

Die Drogenkartelle sind für diesen Krieg gerüstet. Die notwendige militärische Ausrüstung für ihre hochgerüsteten paramilitärischen Einheiten ist auf dem freien Weltmarkt zu erwerben, ebenso Militärberater (Söldner und Spezialisten aus Großbritannien und Israel). Bombenterror in kolumbianischen Städten und Attentate gegen hunderte Politiker, Journalisten und Richter, die sich dem Drogengeschäft entgegenstellen, gehören zum kolumbianischen Alltag. In Anbetracht des politischen Drucks der USA kommt selbstverständlich ein offizieller Deal der kolumbianischen Regierung mit den Drogenkartellen nicht in Frage. Die wiederholten umfassenden Waffenstillstandsangebote der Kartellchefs (einschließlich ihres Vorschlags, als Gegenleistung für die Beendigung von Strafverfolgung und Auslieferung die gesamte kolumbianische Auslandsschuld zu bezahlen) müssen nach reiflicher Überlegung zurückgewiesen werden.

Die Ironie der Kriegserklärung an das Drogengeschäft durch die Führungsmächte des Weltmarkts - allen voran die USA - besteht darin, daß gerade die Staaten, die sich zurecht Weltwirtschaftsmächte nennen und bekanntlich die Gültigkeit der Gesetze des freien Marktes weltweit durchgesetzt haben, sich daran stören, daß der Drogenmarkt so gut beliefert wird. Die Drogenproduktion ist schließlich ein Resultat der erfolgreichen Unterordnung Lateinamerikas unter die Gesetze des Weltmarkts. Alle an der Drogenproduktion Beteiligten handeln gemäß den Regeln der Marktwirtschaft: Die *campesinos* bauen eine einfach zu kultivierende Feldfrucht mit sicherem Absatz und vergleichsweise gutem Ertrag an, die Händler betreiben ein illegales, aber (- gerade deswegen -) höchst einträgliches Geschäft, und die internationale Bankenwelt weist ungern Dollarmilliarden, auch wenn sie aus illegalen Geschäften stammen, von sich. Die Weltwirtschaftsmächte sind also unzufrieden mit den Folgen ihres eigenen Wirkens - und das, obwohl sie mit der von ihnen garantierten bestehenden Wirtschaftsordnung und ihrer Drogenkriminalisierungspolitik alle Bedingungen von Drogengeschäft und Drogenkrieg (- von der internationalen Bankenwelt bis zur militärischen Ausstattung der Drogenkartelle -) schaffen.

Aktuelle Entwicklungen

Der Drogenkrieg wurde und wird auch unter US-Präsident Clinton mit unverminderter Härte fortgeführt. Der Einsatz der nationalen Streitkräfte bzw. die Stationierung von US-Soldaten in Lateinamerika (150 in Juanchaco, Dept. Valle, Kolumbien im Jänner 1994, aber auch in Bolivien) findet weiterhin statt.[515] Auch im letzten US-Wahlkampf 1996 war der Kampf gegen die Drogen als Thema wieder von großer Bedeutung. Der derzeitige Präsident Kolumbiens, Ernesto Samper, droht nun - in Anbetracht schwerer US-Korruptionsvorwürfe gegen seine Person - den Kartellen mit der Auslieferung von Drogenhändlern an die US-Justiz. Heuer muß das Land auf jegliche Wirtschaftshilfe verzichten.

Trotz des US-Drogenkriegs nimmt das Angebot an Drogen in den USA weiter zu. Das Ziel der *Andean Strategy*, das Kokainangebot in den USA bis 1991 um 15%, bis 1999 um 60% zu verringern, wurde nicht erreicht: Die Kokainmenge und der Drogenkonsum steigen sogar - ganz im Gegenteil - weiter beständig an. Der Drogenkrieg hat dem keinen Abbruch getan - schließlich hat er die Ursachen des Drogengeschäfts (wie die Weltmarktökonomie und die zahlungsfähigen Bedürfnisse der Drogenkonsumenten, vor allem in den Industrieländern) nicht tangiert.

Die Bemühungen, diesen illegalen Warenfluß an den südlichen US-Grenzen abzufangen, stellt eine permanente Gratwanderung dar, weil ja Handel mit- und Rohstoff- und Agrargüterimporte aus den betroffenen Staaten gewünscht sind und stattfinden. Die Anstrengungen in diese Richtung gestalten sich äußerst schwierig, "because the United States is the world's greatest trading nation with vast volumes of imports daily flowing through hundreds of sea, air and land entry facilities"[516].

Die Drogenkriminalisierung und -bekämpfung bewirkt eine Diversifizierung. Nach dem militärischen Sieg über das Kartell von Medellín und der Erschießung Pablo Escobars im Dezember 1993 durch Einheiten der kolumbianischen Anti-Drogeneinheiten nahmen rasch das diskretere Kartell von Cali sowie kleinere konkurrierende Drogenhändlerclans aus der Gegend von Medellín und anderen lateinamerikanischen Ländern den Platz des Kartells von Medellín ein. Das kolumbianische Monopol auf die Kokainverarbeitung ist zerbrochen. Kolumbien bleibt zwar nach wie vor der weltweit bedeutendste Kokainproduzent - in Bolivien, Ecuador und Peru entstehen allerdings in den schwer zugänglichen Urwaldregionen immer mehr geheime Kokainlaboratorien: Wie bei anderen Agrarprodukten auch bringt die Veredelung zu Kokain im eigenen Land höhere Gewinne.

Beim Einfluß der Drogenpflanzenvernichtung auf die Entwicklung der Gesamtanbauflächen verhält es sich ähnlich wie bei der Wirkung des Kriegs gegen die Kartelle auf Drogenverarbeitung und -schmuggel: Die *eradication* bewirkt, daß sich die Pflanzer immer tiefer im Dschungel verstecken und dort Urwald für neue Drogenpflanzungen roden. Laufend entstehen neue Anbaugebiete. Seit einigen Jahren erweitern die lateinamerikanischen Drogenhändler ihr Sortiment verstärkt um Heroin: Mehr und mehr Kokakulturen werden durch den Mohnanbau ersetzt.

Zu den "Drogenanbauländern" kommen laufend neue hinzu z.B. Venezuela, Panama - vor allem aber auch die südlichen ehemaligen Sowjetrepubliken, die verstärkt auf den internationalen Drogenmarkt drängen. Die weltweite Drogenproduktion wächst weiter: Der Krieg gegen Drogengeschäft und -konsum hat die Situation nur angeheizt und um ein paar neue Bedingungen für das Geschäft angereichert, aber nichts an den prinzipiellen Determinanten (wie der Weltmarktökonomie und den Bedürfnissen der Drogenkonsumenten in den Industrieländern und ihrer zahlungskräftigen Nachfrage) geändert.

ANMERKUNGEN

---

[1]Hoffmann S.61
[2]Salzburger Nachrichten vom 24.4.1992
[3]vgl. Eschenbacher S.117
[4]Held S.130
[5]Ortlepp S.121
[6]Galeano S.152
[7]Galeano S.11
[8]vgl. Galeano S.31
[9]Ortlepp S.114, 115
[10]Ortlepp S.115
[11]Galeano S.XII
[12]vgl. Whynes S.479
[13]vgl.Eich S.86f
[14]siehe Eich S.77f
[15]vgl. Held
[16]Carrizosa S.5
[17]Carrizosa 3 S.4, 5
[18]vgl.Whynes S.479
[19]siehe Held S.74f
[20]vgl. Kersting M.19
[21]Eschenbacher S.121
[22]vgl. Hoffmann S.63; siehe auch Pardo; vgl. Botero S.21; vgl. Barco S.36. Für die einundsechzig Kaffee produzierenden Entwicklungsländer insgesamt überstieg der jährliche Verlust 5 Milliarden $. vgl. Barco S.36
[23]Tokatlian in Colombia Internacional 18 S.4
[24]Dietz S.107
[25]Hoffmann S.64
[26]Schulte S.15
[27]Dornbierer S.106
[28]vgl. Eschenbacher S.92; vgl. Hoffmann S.61; vgl. Hafner S.78
[29]Hoffmann S.61
[30]Bascopé S.27
[31]vgl. Bascopé
[32]vgl. Eschenbacher S.92f; vgl. Kersting M19
[33]vgl. Ortlepp S.120
[34]Eschenbacher S.92
[35]Hoffmann S.62

36 Krauthausen S.10

37 vgl. Hoffmann S.62

38 vgl. Eich S.88

39 Das zweitwichtigste traditionelle Exportprodukt Perus ist das Öl.

40 vgl. De Rementería in Krauthausen S.68f mit Tabelle. Die Schätzungen betreffend den jeweiligen Anteil am BSP aus dem Umsatz im Geschäft mit Koka und Kokain differieren stark. Nach Kersting beträgt er in Bolivien 75%, Peru 29%, Kolumbien 23%, USA 5%. In der Anden- und Amzonasregion werden 223.900 Hektar Land für den illegalen Kokaanbau genutzt, woraus jährlich 1.027 Tonnen Kokapaste und 415 Tonnen Kokainhydrochlorid gewonnen werden können, so De Rementería S.10

41 Amendt S.46; Arango Jaramillo (S.178) bezeichnet den Drogenhandel als ein "fenémeno tipicamento capitalista".

42 vgl. Amendt S.49

43 Wichmann S.154; siehe auch Gálvez in Palacio S.41

44 Amendt S.33

45 Whynes S.477

46 Uprimny in Palacio S.155

47 Kersting S.10

48 Krauthausen, Sarmiento S.83

49 Vogler S.3

50 Eschenbacher S.120

51 Delgado Interview vom 11.3.1993

52 Vogler S.3

53 Eschenbacher S.37 zitiert Kraar

54 Kronenwetter S.42

55 vgl. Eschenbacher S.43

56 Eschenbacher S.43

57 Daase S.71

58 vgl. Eschenbacher S.43; vgl. Vogler S.3; vgl. Informe del Diálogo Interamericano 1988 S.34

59 vgl. Vogler S.3

60 siehe auch Kersting M09; siehe Hafner; siehe Dietz S.67; siehe Pérez 1988 S.33

61 Von einer Preissteigerung zu sprechen, wäre hier angebrachter.

62 Hoffmann S.59

63 vgl. Eschenbacher S.38

64 vgl. Musto S.307

65 Wichmann S.60

66 vgl. Wichmann S.60

67 vgl. Krauthausen, Sarmiento S.93

68 vgl. Amendt S.6; vgl. auch Gramckov S.35

69vgl. Krauthausen, Sarmiento S.84
70Urrutia S.125
71vgl. Krauthausen, Sarmiento S.83f
72Urrutia S.125
73Übersetzung Ambos S.43
74siehe Salazar; siehe auch Restrepo in Krauthausen S.102
75Uprimny in Palacio S.155
76 Sanchez David in Eastman S.76
77 Alfredo Molano zitiert in Eastman S.33
78Wichmann S.42
79Präsident Gaviria in Eastman S.43
80Übers. der Verf.
81Marx, Das Kapital S.128
82Auch das österreichische und schweizerische Bankgeheimnis wurde in den letzten Jahren immer wieder zur Zielscheibe der Kritik der USA.
83Übersetzung der Verf.
84vgl. Wichmann S.27; vgl. Eschenbacher S.43f
85Eschenbacher S.41
86vgl. Hoffmann
87Amendt S.50
88Amendt S.8
89Eschenbacher S.99f
90vgl. Wichmann S.75
91Whynes S.481
92vgl. Eschenbacher S.22
93Whynes S.480
94Whynes S.482
95Dietz S.108
96vgl. De Rementería S.11; vgl. Schulte S.15; vgl. Ruben Sanchez David in Eastman S.76f; vgl. Eschenbacher S.115
97Krauthausen S.10
98Dietz S.93
99vgl. Vogler S.5
100Übersetzung der Verf.
101vgl. Hoffmann S.60f
102Dietz S.99
103Ambos S.202
104vgl. Dietz S.130; vgl. Hafner S.89
105 vgl. MacDonald S.5, S.131f; vgl. Santa Fe II-Komitee, vor allem S.38

106 vgl. Collett

107 Collett, vgl. auch Arrieta S.118

108 Hoffmann S.61. Laut Kersting sind in Bolivien an der Coca/Kokain-Produktion beteiligt: "150 Drogenhändler-Drogenmafia: Oberste Leitungsgruppe, Führungsfamilien der Oberschicht, höchste Militärs; 500 Kokain-Produzenten und Kokain-Händler: städtische Oberschicht, Chemiker, Offiziere, Kaufleute, Politiker; 25.000 Händler der chemischen Produkte und der Pasta: meist Mitglieder der städtischen Mittelschicht, inc. Polizei und Militär; 30.000 Hersteller der Pasta Basica: Aufkäufer der Coca-Blätter und Fachleute für die Herstellung des Kokainsulfats, 70.000 Coca-Blätterproduzenten: Hazienderos, Coca-Bauern, zum Teil arbeitslose Mineros und landlose Bauern vom Hochland; 175.000 Gelegenheitsarbeiter nicht seßhafte, zeitweise in den Cocaanbaugebieten anwesende Saisonarbeiter, Cocatrater, Kleinhändler, Verpacker, Transporteure, Lastenträger, Prostituierte"...Dazu kommen die Familienangehörigen. Kersting M14

109 Frankfurter Rundschau vom 9.9.1989

110 Hoffmann S.62

111 vgl. Hoffmann S.62

112 Die führenden Drogenhändler der Kartelle werden *narcos* genannt.

113 Collet

114 Wie Carlos Lehder in Kolumbien gab er eine Zeitung heraus und machte eine politische Karriere, indem er die Kampagne der Apra Party von 1980 mit seinen aus dem Drogengeschäft stammenden Millionen finanzierte. Aber Langberg wollte nicht hinter den Kulissen bleiben: Er machte sich selbst zum Chefkolumnisten und ließ täglich 350.000 Kopien seiner rechtspopulistischen Zeitung gratis verteilen. Die Zeitung lenkte die Aufmerksamkeit auf sich, und Langberg wurde wegen Drogenhandels zu 15 Jahren Haft in Limas Canto Grande Gefängnis verurteilt, wie auch ein anderer großer Drogenhändler, Reynaldo Rodriguez Lopez.

115 vgl. Collett

116 Washington Office on Latin America 1991; vgl. auch Ortlepp S.122; vgl. Kersting M16, S.6; vgl. Krauthausen S.48f, S.75; siehe auch Herthoge; siehe Centro Peruano de Estudios Internacionales: El Convenio...; siehe Eastman S.37; siehe auch Dornbierer S.158; siehe auch MacDonald S.61f; siehe Hafner S.94f; siehe Reina S.14

117 vgl. Eschenbacher S.38f

118 Hoffmann S.60

119 Ortlepp S.119

120 Hoffmann S.61

121 Eschenbacher S.66; vgl. ebd. S.40

122 Eschenbacher S.66

123 vgl. Eschenbacher S.68; vgl. Hoffmann

124 Wichmann S.46

125 vgl. Die Zeit 19 vom 6.5.94

126 Wichmann S.47 zitiert einen Untersuchungsbericht des Europäischen Parlaments, 1991

[127] vgl. Kersting M18
[128] Wichmann S.46
[129] Übersetzung der Verf.
[130] vgl. Eschenbacher S.40f; vgl. Eastman S.132
[131] Wichmann S.107
[132] Die Zeit 19 vom 6.5.1994
[133] vgl. Smith S.20
[134] vgl. Wichmann S.75
[135] González in Krauthausen S.38
[136] vgl. Eschenbacher S.162
[137] vgl. Whynes S.482
[138] Whynes S.483
[139] vgl. Wichmann S.80; vgl. Dietz S.7
[140] Quiroga in Krauthausen S. 33
[141] vgl Ortlepp S.120; siehe auch Kronenwetter S.96
[142] Wichmann S.10
[143] Die Zeit 19 vom 6.5.1994
[144] Hoffmann S.63
[145] Hafner S.85
[146] Tinker in Smith xiii
[147] Dávila in Smith S.99
[148] Zitat und vgl. Wichmann S.20
[149] Hoffmann schätzt, daß man aus der gleichen Menge an Kokablättern ein und ein halbes Kilo Kokain herstellen kann.
[150] vgl. Hafner S.91; vgl. Hoffmann S.60; vgl. Dornbierer S.129; anders sieht das Dietz S.70-71
[151] Amendt S.13
[152] Quiroga in Krauthausen S.20
[153] vgl. Hoffmann
[154] vgl. Dietz S.108
[155] Die Zeit 19 vom 6.9.1994
[156] vgl. Eschenbacher S.100f, S.164
[157] Amendt S.35f
[158] ebd.
[159] Von der in den letzten 15 Jahren im Amazonasgebiet abgeholzten Fläche macht die Fläche mit illegalen Pflanzen 0.4% aus. vgl. De Rementería S.12
[160] Die chemischen Produkte, die zur Extraktion des Alkaloids der Koka eingesetzt werden, machen 0.1% jener aus, die in der Region (z.B. Pestizide und Dünger) eingesetzt werden. vgl. De Rementería S.12
[161] Eschenbacher S.100; siehe auch Eastman S.13 und Die Zeit 19 vom 6.9.1994

[162]De Rementería S.12
[163] De Rementería S.13
[164]siehe auch Kersting M17; Dietz S.114
[165]Hoffmann S.62
[166]Vogler S.5
[167]Eschenbacher S.40
[168]Eschenbacher S.37f zitiert García.
[169]vgl. Eschenbacher S.3ff, S.118
[170]Krauthausen, Sarmiento S.87
[171]Übersetzung der Verf.
[172]siehe auch Dornbierer S.152
[173]Übersetzung der Verf.
[174]Übersetzung der Verf.
[175]Collett
[176]vgl. Vogler S.6
[177]vgl. Vogler, S.7
[178]Eschenbacher S.121
[179]Eschenbacher S.121
[180]vgl. Hoffmann S.63; vgl. Vogler S.5
[181]Collet zitiert Marulanda.
[182] Süddeutsche Zeitung vom 15.9.1989
[183]vgl. Collett
[184]Hoffmann S.63
[185]Urrutia S.117
[186]De Rementería S.10
[187]vgl. Romero de Campero S.15; vgl. auch Eschenbacher S.73, S.120, S.132; vgl. Dornbierer S.107; vgl. Eastman S.134; vgl. Krauthausen S.83f, 128f; vgl. Dornbierer S.149f; vgl. Arango S.105 bis 145; vgl. Hafner S.102f; siehe MacDonald S.30, 31 S.42; siehe Smith S.65f; siehe Palacio 82-99, 100; siehe Pizarro 1989
[188]Wie das kolumbianische Kartell bot auch Suarez einmal an, die Auslandsschuld seines Landes zu bezahlen. Collet
[189]vgl. Salazar S.9
[190]vgl. Salazar S.7f
[191]Übersetzung der Verf., wörtlich 'schmutziger Krieg'
[192] Collett
[193]Delgado Interview vom 11.3.1993
[194]vgl. Eschenbacher S.49
[195]Bei der *coca colombiana* genannten Spezies von Kokastrauch, die größer als die bolivianischen und peruanischen Varianten und gut an die tropischen *lowlands* adaptiert ist, han-

delt es sich um eine der ganz wenigen Feldfrüchte, die auf dem armen Boden des Amazonas gedeihen.

196vgl.Collett; vgl. Delgado Interview vom 11.3.1993

197vgl. Mondragon Interview vom 27.3.1993

198Hoffmann S.63

199Angeblich nahm Kartellchef Rodríguez Gacha den Mord an U.P.-Chef Pardo unter Vertrag. Die FARC antwortete mit dem Mord an einem halben Dutzend Mitglieder der Plata Familie, die den lokalen Drogenhandel für Rodríguez Gacha betrieben.

200vgl. Interviews mit Mondragon vom 27.3.1993 und mit Reyes vom 28.3.1993

201Übersetzung der Verf.

202Collett zitiert De Rementería

203Collett zitiert Molano.

204vgl. Interview Mondragon vom 27.3.1993, vgl. Santa Fe-Komitee S.27

205Eschenbacher S.92

206Hoffmann S.62

207Uprimny in Palacio S.161

208MacDonald S.1

209Hafner S.96

210Amendt S.34

211González in Krauthausen S.36

212Eschenbacher S.98 zitiert Presencia vom 3.1.1.1988

213Eschenbacher S.94. Der Prozeß der Kokainherstellung, die "Ausbeutung der Weißen Ader" in Bolivien ist, so Bascopé, erst von der Regierung Banzer (zwischen 1976 und 1978) und dann unter der Herrschaft von General Luis García Meza (zwischen 1978 und 1980) mit Unterstützung der Agrar-Bourgoisie und der Armee als "nationales Projekt" organisiert worden.vgl. Bascopé S.19, S.75

214Aus der Erklärung von Cartagena in Krauthausen S.201

215El convenio... entre Peru y los Estados Unidos in Centro Peruano de Estudios Internacionales S. 41

216El convenio ....entre Peru y los Estados Unidos in Centro Peruano de Estudios internacionales S.96

217Eschenbacher S.165

218Whynes S.487 zitiert Financial Times

219vgl. Wichmann S.76

220Kalmanovitz in Krauthausen S.125

221siehe Urrutia

222 Barco in Colombia Internacional 6 S.25; siehe auch Smith S.25

223Vogler S.3

224Interview eines kolumbianischen Journalisten vom 11.3.1993

225Eastman S.28

226Eastman S.28

227Bascopé S. 131. Bis in die 60er Jahre hat man die gesundheitsschädigende und suchterzeugende Wirkung des Kokakonsums angeprangert und die Kokakauer mit den Kokainisten gleichgesetzt. Heute haben sich jedoch diese Vorwürfe und die Einschätzung, daß Kokakauen zu Mangelernährung führt, als haltlose Vorurteile erwiesen. So konnte der Pharmakologe Nielschutz nachweisen, daß das in den Kokablättern enthaltene Kokain durch den Kontakt mit Speichel und Magensaft zu Ecgonin abgebaut wird, das weit weniger toxisch ist als Kokain und eine ähnliche Wirkung wie Koffein besitzt. Es gilt heute als sicher, daß Koka weder zur Sucht noch - von übermäßigem Konsum abgesehen - zu schädlichen Auswirkungen auf den Organismus führt.

228vgl. Schulte S.13; vgl. Hafner S.93, 28

229vgl. Dietz S.13f.

230Kersting M06

231Schulte S.13

232Hafner zitiert Tschudi S.30

233vgl. Pan S.16

234vgl. Kappeler S.195

235Zitat und vgl. Kersting M06

236Mican de Francisco S.37zitiert den Schriftsteller Garcilaso de la Vega

237vgl. Wichmann S.60; vgl. Eschenbacher S.105, S.132; vgl. Smith S.24

238Dietz S.18

239vgl. Dietz: S.116, 118, 119; vgl. Eschenbacher S.105

240siehe Pérez S.21; siehe auch Palacio S.76; siehe auch Gómez O. S.68f; siehe auch Vidart; siehe auch Mican de Francisco; siehe auch Park.

241Kappeler S.47, S.68

242vgl. Mican de Francisco S.33; vgl. Kappeler S.115

243Kappeler S.68, 69

244Dietz S.65

245Kappeler S.185

246vgl. Kappeler S.116, 200, 342; vgl. Smith S.12; vgl. Kersting M05; vgl. Hafner; vgl. Bascopé S.118

247 So verstummen auch Gerüchte nicht, die dem FBI vorwerfen, Anfang der 70er Jahre durch das Einschleusen von Drogen die Anti-Vietnam-Bewegung aufgeweicht und die radikale schwarze Bewegung in den Ghettos vernichtet zu haben. vgl.Amendt

248Hafner S.29 zitiert Albujar

249Kappeler S.201 zitiert Zikmund und Hanzelka

250Castillo S.33

251Kappeler S.115

252Eschenbacher S.25f

253Jimena Duzán in Krauthausen S.197

[254] vgl. Kappeler S.174f

[255] Mican de Francisco S.38

[256] siehe Krauthausen S.40f zum Andinen Treffen der Koka-Produzenten und ihrer Forderungen; siehe Musto S.40f

[257] '*ley 48*' - Übersetzung der Verf.

[258] vgl. Arango S.154

[259] Reyes Posada in Krauthausen 138

[260] vgl. Arango S.157

[261] Seit Juni 1989 sind laut Dekret Nr.1194 Strafen für diejenigen vorgesehen, die paramilitärische Gruppen finanzieren oder in sonstiger Weise fördern. vgl. Krauthausen

[262] Krauthausen, Sarmiento gegen S.94

[263] Uprimny in Palacio S.162

[264] Gonzalez Diaz in Eastman S.81

[265] vgl. Hoffmann S.64

[266] Bush in seiner Fernsehansprache an die Nation vom 5. September 1989

[267] Hoffmann S.64

[268] Hoffmann S.64

[269] vgl. Washington Office on Latin America 1991

[270] Kronenwetter S.7 zitiert Bush

[271] Kronenwetter S.7

[272] vgl. Santa Fe-Komitee S.32

[273] siehe auch Kersting M09; siehe Hafner; siehe Dietz S.67; Pérez S.33

[274] Vogler S.3

[275] vgl. Eschenbacher S.43

[276] Hoffmann S.64

[277] Daase S.75; siehe auch Gramckow

[278] Kronenwetter S.95; vgl. Dornbierer S.37; vgl. auch Del Olmo S.154, 155

[279] Die Erklärung von Cartagena in Krauthausen S.106

[280] vgl. Pilgram in Mader S.120; siehe dazu auch 2. Kapitel der vorliegenden Arbeit

[281] Dornbierer S.124

[282] Gramckow S.30

[283] vgl. Caballero in Krauthausen S. 241, 243; vgl. Kronenwetter S.106; vgl. Dornbierer S.54; vgl. Pérez S.120, 121; vgl. the New York Times 1988/8.5.. vgl. Nadelmann, Foreign Policy 70, siehe auch Park

[284] Pilgram in Mader S.137; vgl. auch ebd. S.120

[285] El Expectador vom 27.12.1992 in Eastman S.15, Übersetzung der Verf.

[286] Kronenwetter S.107

[287] Pilgram in Mader S.513

[288] Klein, zitiert in Eschenbacher S.7

289vgl. Pilgram in Mader 518

290Süddeutsche Zeitung vom 15.9.1989

291Pilgram in Mader S.133

292vgl. Pilgram in Mader S.514, S.515

293Eisenbach-Stangl in Mader S.355

294Amendt S.7, S.8

295siehe auch Amendt S.107, 108

296siehe Begründung zur Prohibition in Park S.70; siehe Park S.47

297Pilgram in Mader S.513

298siehe auch Eisenbach-Stangl in Mader S.433, S.518; Kappeler S.43; Park S.11

299Musto S.292; vgl. Caballero in Krauthausen S.244; vgl. Dornbierer S.43; siehe auch Park S.4, S.9, S.11, S.188

300vgl. Park S.5, S.4, S.47, S.70; vgl. Del Olmo S.157

301Kappeler S.43

302vgl. Kappeler S.43

303vgl. Dornbierer S.127

304Eschenbacher S.19

305Pilgram in Mader S.518

306vgl. Eschenbacher S.19; siehe auch Park S.39

307Perl, Report for Congress 1989 S.38

308Perl, Report for Congress 1989 S.43

309Centro Peruano de Estudios Internacionales, El convenio... entre Peru y los Estados Unidos S.72, Übers. der Verf.

310Chef des Cocaine Investigation Service der DEA zitiert in Wisotsky S.49, Übersetzung der Verf.

311The New York Times, zitiert im Informe del Diálogo Interamericano 1988 S.36

312Anm. der Verf.

313Tokatlián, National Security and Drugs S.134

314vgl. Washington Office on Latin America 1991 S.18; vgl. Kersting S.10, S.19; vgl. MacDonald S.8; vgl. Dietz S.116; vgl. Interview Tokatlian vom 31.3.1993

315Perl, Report for Congress 1989 S.40

316vgl. Eastman S.13

317vgl. Perl, Report for Congress 1989 S.43

318vgl. Washington Office on Latin America 1991 S.7f

319Niess S.32

320Niess S.14

321Connell-Smith S.2

322Niess S.32

323vgl. Niess S.41, S.35f

[324]aber auch die Deutschen, Anm. der Verf.
[325]Niess S.54
[326]vgl. Galeano; vgl. Niess S.58, S.65
[327]vgl. Galeano S.228f
[328]vgl. Marx S.752f
[329]vgl. Galeano S.228f, vgl. Marx S.797
[330]vgl. Held S.41
[331]Guerra S.392
[332]vgl. Galeano; vgl. Niess S.50, S.113
[333]S. Richard Olney, Secretary of State, to Thomas R. Bayard, United States Ambassador to Great Britain, July 20. 1895 (extracts), in: Gantenbein S.340-354, hier S.348; vgl. auch Niess S.80
[334]Niess S.86
[335]Niess S.155
[336]vgl. Niess, vgl. Galeano
[337]vgl. Galeano; vgl. v.a. Niess S.86, vgl. Martí
[338]Niess S.49
[339]vgl. auch Niess S.108
[340]Niess S.168
[341]Präsident Calvin Coolidge 1927 nach Aguilar S.50f
[342]Niess S.125
[343]vgl. Galeano; vgl. Niess S.162, S.127, S.170
[344]Niess S.85
[345]Niess S.158
[346]vgl. Haya de la Torre in Rama S.195
[347]vgl. Niess, vgl. Berg-Schlosser S.223f, S.227f
[348]vgl. Galeano
[349]vgl. Niess S.205f
[350]vgl. Held
[351]vgl. Held
[352]vgl. Niess S.251, S.228
[353]Wahlplattform der Republikaner, Dezember 1984
[354]Niess S.226
[355]vgl. Niess S.226
[356]herausgegeben vom Santa Fe-Komitee, welches von Reagan 1980 eingerichtet wurde und damals das Dokument Santa Fe I mit Empfehlungen zu Reagans Lateinamerikapolitik herausgab.
[357]Santa Fe II-Komitee S.37, Übers. der Verf.; vgl. Niess S.77
[358]vgl. Dietz S.90; vgl. Niess S.276, S.284

359vgl. Niess S.297f

360Hayes S.1, S.5, S.7

361vgl. Dietz S.90

362vgl. Niess S.237

363so Kissinger, der Außenminister Nixons und Fords nach einem Besuch in El Salvador 1983 , - ein Jahr, in dem 6.000 "extralegale Hinrichtungen" durch die Regierung und das Militär El Salvadors stattfanden, so Menschenrechtsorganisationen, in der Frankfurter Rundschau vom 14.10.1983

364vgl. Niess S.304f

365vgl. Niess. S.299f

366Washington Office on Latin America Briefing Series: The war in the Andes... 1990 S.2

367Botero S.20; vgl. Washington Office on Latin America 1991 S.1

368Santa Fe-Komitee S.37; zu Bushs Kolumbienpolitik siehe weiters ebd. S.35f; siehe Botero S.20

369vgl. Amendt S.85; vgl. Wisotsky S.166f

370Santa Fe-Komitee S.33, Übers. der Verf.

371Wahlplattform der Republikaner von Dezember 1984

372Der US-Präsident in seiner Fernsehrede vom März 1986 zitiert von Amendt S.97

373Santa Fe-Komitee S.33

374vgl. MacDonald S.5, S.131f; vgl. Santa Fe II-Komitee, vor allem S.38

375vgl. Collett

376Collett, vgl. auch Arrieta S.118

377vgl. Collett; siehe Fünftes Kapitel, III, F)

378Diese Staaten wurden nicht "certified"; zu "certification" siehe Fünftes Kapitel, VI) der Arbeit.

379vgl. Dorbierer S.167; vgl. Washington Office on Latin America in Colombia Internacional 5 1989, S.37; vgl. Bagley, The New Hundred Years War? U.S.National Security and the War on Drugs... S.169

380Washington Office on Latin America Briefing Series, The war in the Andes 1990 S.18

381Daase S.76

382Washington Office on Latin America 1991 S.2; vgl. Washington Office on Latin America in Colombia Internacional 5 1989 S.38

383vgl. auch Washington Office on Latin America 1991 S.4

384vgl. Krauthausen S.54

385Washington Office on Latin America 1991 S.2

386Musto S.288; vgl. Bonilla S.19

387Bagley, The New Hundred Years War? National Security and the War on Drugs... S.169, S.170

388Hoffmann in Kersting S.8

389Park S.3; vgl. Palacio S.75

[390]vgl. Amendt S.99, S.100; vgl. Bagley, U.S. Foreign Policy and the War on Drugs S.192

[391]Time 30.11.86 in Bascopé S.127

[392]Time 30.11.86 in Bascopé S.127

[393]vgl. Gálvez in Palacio S.41

[394]Smith S.31

[395]Park S.125

[396]vgl. Dornbierer S.174; vgl. Kronenwetter S.50

[397]Smith S.10

[398]Smith S.15

[399]Park S.120; vgl. dazu auch Kronenwetter S.51

[400]vgl. Kronenwetter S.98, S.99

[401]Daase S.70, S.71

[402]Bagley, The New Hundred Years War? National Security and the War on Drugs.. S.170

[403]National Security Council

[404]Bagley, U.S. Foreign Policy and the War on Drugs... S.193

[405]vgl. Niess; vgl. die Zeit vom 18.9.1987

[406]Daase S.71

[407]Daase S.71; siehe auch Kempe

[408]Daase S.70, S.71

[409]vgl. Arrieta S.19

[410]Bonilla S.25

[411]Perl, Report for Congress, United States International Drug Policy.... S.13

[412]Bagley, U.S. Foreign Policy and the War on Drugs... S.195

[413]Bagley, U.S. Foreign Policy and the War on Drugs... S.192; In diesem Sinn äußert sich auch Reina (S.13): "..estos [die Andenstaaten] se han visto sometidos a presiones políticas para que asuman la parte más difícil de la lucha contra las drogas."

[414]"un socio obligado"

[415]Centro Peruano de Studios Internacionales, El convenio ...entre Peru y los Estados Unidos S.40, Übers. der Verf.

[416]Quiroga T. in Krauthausen S.28

[417]vgl. Bagley, U.S. Foreign Policy and the War on Drugs... S.192; vgl. auch Dornbierer S.159

[418]Perl, Report for Congress, Unites States International Drug Policy... S.13

[419]Pardo S.7; vgl. Tokatlián, National Security and Drugs... S.148

[420]vgl. Washington Office on Latin America 1991

[421]Hoffmann S.62

[422]Kersting zitiert Sainz, Erzbischof von La Paz/Bolivien S.M27

[423]Kersting zitiert die Erklärung des 2. Treffens von Bischöfen und Pfarrern aus der Karibik im Juni 1990 S.M27

[424]Perl, Report of Congress 1992 S.11

425Perl, Report of Congress 1989 S.44

426Perl, Report of Congress 1989 S.44

427Ambos S.73; vgl. auch Del Olmo S.155; vgl. Eastman S.89f; vgl.Arrieta S.123

428vgl. *El Espectador* vom 9.Jänner 1990 in Krauthausen S.195

429vgl. Interview Hector Modragon vom 27.3.1993

430vgl. Centro de Estudios Internacionales...Cumbre sobre drogas en San Antonio S.32

431Bonilla S.23, Übers. der Verf.

432Cardona 1992 S.7, Übers. der Verf.

433Pardo S.9, Übers. der Verf.

434vgl. Pardo S.7; Interview mit Tokatlian vom 31.3.1993

435Pardo S.9; siehe auch Dornbierer S.21

436 Pardo S.7

437Gaviria in Krauthausen S.180; vgl. auch Eastman S.30, 81, 148

438*El Tiempo* vom 1. April 1993, Übers. der Verf.

439Barco in Colombia Internacional 6 S.26, Übers. der Verf.

440Reina S.14, Übers. der Verf.

441Übers. der Verf.

442Frankfurter Rundschau vom 2.11.1991

443Speziell Libyen, der Iran, aber auch Kuba werden immer wieder zu Gegenständen politischer und handelspolitischer Auseinandersetzungen zwischen den USA und den mächtigen EU-Staaten, die allerdings im Rahmen der vorliegenden Arbeit nicht untersucht werden können.

444siehe zur Drogenpolitik der europäischen Staaten auch Amendt

445vgl. Daase S.75

446Washington Office on Latin America 1991 S.9

447Fernsehansprache von Bush vom 5. September 1989 in Washington Office on Latin America 1991

448vgl. Washington Office on Latin America S.112f; vgl. Mabry S.102; vgl. Perl, Report for Congress, United States International Drug Policy S.4,

449Washington Office on Latin America 1991 S.16

450Washington Office on Latin America 1991 S.20 - Übers. der Verf.

451vgl. Washington Office on Latin America 1991 S.7; vgl. Gramckow S.31

452Bagley, U.S. Foreign Policy... S.194; vgl. Botero S.18; vgl. Interview Tokatlian vom 31.3.1993

453vgl. Hafner S.88; vgl. Daase S.75f

454vgl. Washington Office on Latin America 1991 S.26

455vgl. Dornbierer S.40, S.183; vgl. Frankfurter Rundschau vom 30.7.1990 in Kersting S.21

456vgl. Washington Office on Latin America 1991 S.21; siehe dazu auch United States General Accounting Office, Reports to Congressional Requesters 1991

[457]vgl. Nadelmann, The DEA in Latinamerica... S.8; vgl. Washington Office on Latin America 1991; vgl. auch Washington Office on Latin America Briefing Series: The war in the Andes...S.9

[458].Nadelmann, The DEA in Latinamerica...S.11

[459]vgl. Perl, Report for Congress, The Andean Drug Initiative... S.13

[460]Washington Office on Latin America Briefing Series, The war in the Andes, S.24

[461]vgl. Perl, Report for Congress, Drug Control: International Policy and options 1990 S.3; vgl. Del Olmo in Palacio S.46

[462]Dornbierer S.118-Übers. der Verf.

[463]vgl. Dietz S.104; vgl. Nadelmann, Journal of International Affairs S.19; vgl. Del Olmo in Palacio S.63f

[464]Krauthausen

[465]vgl. Interview mit Mondragon vom 27.3.1993; vgl. Tokatlian in Colombia Internacional 18 S.3

[466]Del Olmo in Palacio S.65

[467]Übers. der Verf.

[468]vgl. Del Olmo in Palacio S.54f; vgl. Krauthausen S.49; vgl. Mabry S.159;

[469]vgl. Krauthausen S.49; vgl. Mabry S.159; vgl. Interview Mondragon vom 27.3.1993; vgl. Del Olmo in Palacio S.47f; vgl. González Díaz in Eastman S.83

[470]vgl. Del Olmo S.63f

[471]vgl. Perl, Report for Congress, Drug Control... 1990 S.11

[472]vgl. Bagley, Tokatlian, Economía y política del narcotráfico... S.16

[473]Dokument des Weißen Hauses zitiert in Tokatlian, National Security and Drugs... S.137

[474]Übers. der Verf. - Perl, "Congress, International Narcotics Policy...." in Journal of Interamerican Studies.. S.25

[475]Übers. der Verf.

[476]Bagley, The New Hundred Years War: National Security...S.180 - Übers. der Verf.

[477]vgl. Perl, "Congress, International Narcotics Policy...." in Journal of Interamerican Studies.. S.25

[478]vgl. Washington Office on Latin America 1991 S.16f

[479]vgl. Tokatlian, National Security and Drugs... S.148; vgl. Bagley, Tokatlian, Economía y política del narcotráfico. S.382

[480]vgl. Bagley, Tokatlian, Economía y política del narcotráfico. S.16

[481]Perl, Report for Congress, National Drug Control Strategy Report 1990

[482]vgl.Perl, Report for Congress, Drug Control: International Policy and options ...1989 S.11

[483]Internationale Konferenz der Juristenkommission der Anden in Krauthausen S.220

[484]vgl. Internationale Juristenkommission der Anden in Krauthausen S.217; auf die Substitutionsprogramme wurde bereits im dritten Kapitel der vorliegenden Arbeit eingegangen.

[485]Ambos S.129 - Übers. ebd.

[486]vgl.Tokatlian, National Security and Drugs... S.144; vgl. Tokatlian, Bagley, Economía y política de narcotráfico S.157

[487]Vogler S.6; vgl. auch Colombia internacional 8 S.15

[488]vgl. Colombia Internacional 8 S.14; vgl. Hafner S.4; In den 70er Jahren wurden zahlreiche Drogenhändler "without resort of formal extradition procedures" von DEA-Agenten einfach verhaftet, in ein Flugzeug gesteckt und in die USA gebracht.vgl. Nadelmann, The DEA.....Journal of Interamerican Studies S.31

[489]Vogler S.6

[490]Salazar S.140

[491]Delgado in einem Interview vom 11.3.1993

[492]vgl. Vogler S.7

[493]vgl. Ambos S.93

[494]vgl. Bagley, Tokatlian, Narcotráfico in Colombia S.353

[495]vgl. Jimeno in Krauthausen S.149; vgl. Interview Mondragon vom 27.3.1993; vgl. Dornbierer S.157

[496]Ambos S.32

[497]vgl. Hafner S.105; vgl. Kronenwetter S.100; vgl. Bagley, Colombia and the War on Drugs S.83

[498]Vogler S.6

[499]Ambos S.94

[500]vgl.Tokatlian, National Security and Drugs... S.146

[501]narcotráfico en Colombia S.336

[502]vgl. Hafner S.106

[503]Vogler S.6

[504]Vogler S.6

[505]Vogler S.7

[506]vgl. Vogler S.6; vgl. auch Ambos S.32

[507]vgl. Kronenwetter S.100

[508]vgl. Jimeno in Krauthausen S.154f

[509]vgl. Eastman S.150

[510]Ambos S.94

[511]vgl. Dornbierer S.160; vgl. Krauthausen S.183, S.165

[512]Übersetzung der Verf.

[513]vgl. Eastman S.97

[514]Ambos S.124

[515]vgl. Ambos S.75

[516]Issue brief CRS-9, Drug control: international policy and options

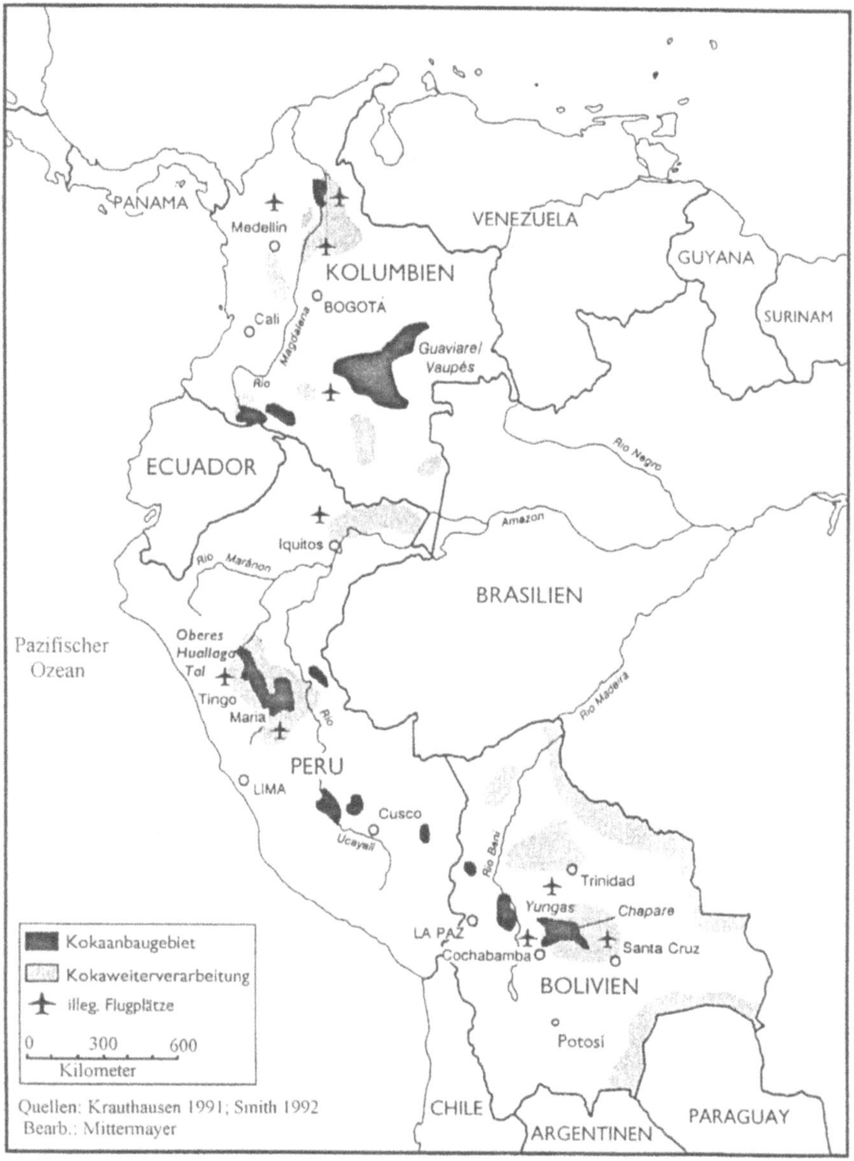
PANAMA
Medellín
KOLUMBIEN
BOGOTÁ
Cali
Rio Magdalena
Guaviare/
Vaupés
VENEZUELA
GUYANA
SURINAM
ECUADOR
Rio Negro
Amazon
Iquitos
Rio Marañon
BRASILIEN
Pazifischer
Ozean
Oberes
Huallaga
Tal
Tingo
Maria
Rio
Rio Madeira
PERU
LIMA
Cusco
Ucayali
Rio Beni
Trinidad
Yungas
Chapare
LA PAZ
Cochabamba
Santa Cruz
BOLIVIEN
Potosí
Kokaanbaugebiet
Kokaweiterverarbeitung
illeg. Flugplätze
0 300 600
Kilometer
Quellen: Krauthausen 1991; Smith 1992
Bearb.: Mittermayer
CHILE
ARGENTINEN
PARAGUAY

BIBLIOGRAPHIE

Abad, Iván Orozco. "Los diálogos con el narcotráfico: Historia de la transformación fallida de un delincuente común en un delincuente político". *análisis POLITICO* 11 (September- Dezember 1991). Bogotá, Universidad Nacional: 28-57.

Aguilar, Alonso. *Pan-Americanism: From Monroe to the Present. A View from the Other Side.* New York, London, 1968.

Ambos, Kai. *Drogenkrieg in den Anden: Rahmenbedingungen und Wirksamkeit der Drogenpolitik in den Andenländern mit Alternativen.* 1. Aufl. München: AG-SPAK-Bücher, 1994.

Amendt, Günter. *Der große weiße Bluff: Die Drogenpolitik der USA.* Eine Reportage. Hamburg: Konkret Literatur Verlag, 1987.

Anti-Drug Abuse Act of 1986 (H.R. 5484). P.L. 99-570, 100 Stat. 3207, Title II.

Arango Jaramillo, Mario. *Impacto del narcotráfico en Antioquia.* Medellín: Editorial J.M. Arango, 1988.

Arrieta, Carlos Gustavo, Eduardo Sarmiento Palacio und Juan G. Tokatlian (u.a.). *Narcotráfico en Colombia: Dimensiones políticas, económicas, jurídicas y internacionales.* 3. Aufl. Bogotá: tercer mundo editores y ediciones uniandes, 1991.

Bagley, Bruce M. "Colombia and the War on Drugs". *Foreign Policy.* (Fall 1988): 70-92.

ders. "The New Hundred Years War? U.S. National Security and the War on Drugs in Latin America". *Journal of Interamerican Studies and World Affairs* 1. Vol. 30. (Spring 1988): 161-182.

ders. "U.S. Foreign Policy and the War on Drugs: Analysis of a Policy Failure". *Journal of Interamerican Studies and World Affairs* 2 und 3. Special Issue, Vol. 30. (Summer/Fall 1988): 189-212.

ders. "Winning Battles, Losing the War: U.S. Anti-Drug Policies in Latin America". *Hemisphere* (Fall 1988): 31-36.

Bagley, Bruce M. und Juan G. Tokatlian. *Economía y política del narcotráfico.* Serie Historia Contemporánea y Realidad Nacional 25. Bogotá: Ediciones Uniandes, 1990.

Barco, Virgilio. "El Narcotráfico y la Violencia: Una amenaza mortal a la democracia". Barco vor US-Journalisten in Washington am 14.4.1989. *Colombia Internacional 6.* Sección Documentos. Bogotá: CEI (Apri-Juni 1989): 23-28.

ders. "Discurso del Presidente Virgilio Barco a la 44 Asamblea de las Naciones Unidas". *Colombia Internacional 8.* Sección Documentos. Bogotá: CEI (Oktober-Dezember 1989): 32-37.

Bascopé Aspiazu, René. *Die weisse Ader: Coca und Kokain.* Aus d. bolivian. Span. Übers. von Hinojosa, Jeaninne und Manfred Züfle. Zürich: Rotpunktverlag, 1989.

Berg-Schlosser, Dirk, und Maier, Herbert (u.a.). *Einführung in die Politikwissenschaft.* 4.Auflage, München: Beck, 1985.

Block, A. A. und William J. Chamblis. *Organizing crime.* New York: Elsevier, 1981.

Bolognese-Leuchtenmüller, Birgit. "Drogen und Gesellschaft." *Beiträge zur historischen Sozialkunde.* (1/1992): 3-4.

dies. "Geschichte des Drogengebrauchs: Konsum - Kultur - Konflikte -Krisen". *Beiträge zur historischen Sozialkunde.* (1/1992): 4-18.

Bonilla, Adrián. "Teoría de las Relaciones Internacionales como discurso político: El caso de la guerra de las drogas". *Colombia Internacional 15.* Sección Temas Globales. Bogotá: CEI - Centro de Estudios Internacionales de la Universidad de los Andes. (Juli-September 1991): 18-25.

Botero, Ana Mercedes und Juan Gabriel Tokatlian. "La Administración Bush y América Latina: Una perspectiva desde Colombia." *Colombia Internacional 6.* Sección Política Mundial. Bogotá: CEI (April-Juni 1989): 16-22.

Bühringer, Gerhard. "Drogenabhängige: Spielball der Gesundheitspolitik?" *Aus Politik und Zeitgeschichte* 42. (1990): 12-27.

Bush, George. Fernsehansprache an die Nation (5.9.1989)

Caballero, Antonio. "Hay que legalizar la coca". *Texto y Contexto.* Bogotá. (September-Dezember 1986): 69-79.

Cacéres, Baldomero. "El problema de la coca en el Perú." *Socialismo y Participación.* Nr. 21 (März 1983).

Camacho Guizado, Alvaro. *Droga y sociedad en Colombia : El poder y el estigma.* Bogotá: CIDSE - CEREC, 1988.

Cardona, Diego. "El primer bieno de la administración Gaviria: algunas reflexiones sobre su pólitica exterior". *Colombia Internacional 19*. Bogotá: CEI (Juli-September 1992): 3-10.

Carrizosa, Alfredo Vásquez. "La política Exterior de la Administración Barco: 1986-1988." *Colombia Internacional 3*. Sección Política Exterior de Colombia. Bogotá: CEI (Juli-September 1988): 3-9.

Castillo, Fabio. *La coca nostra.* Bogotá: Editorial Documentos Periodísticas, 1991.

Centro de Estudios Internacionales de la Universidad de los Andes. "Cumbre sobre drogas en San Antonio, 1992". *Colombia Internacional 17*. Sección Documentos. Bogotá: CEI (Jänner-März 1992): 32-35.

Centro Peruano de Estudios Internacionales, Hg. *El Convenio contra el narcotráfico entre el Perú y los Estados Unidos: Un debate de interes nacional.* Lima: CEPEI, 1991.

Cepeda, Manuel. *De Santa Fe I a Santa Fe II: El Imperio y America Latina.* Bogotá: Ediciones Suramérica, 1989.

Cerutti Guldberg, Horacio. *Filosofía de la liberación latino-americana.* Mexiko, 1983.

Child, Jorge. "Narcotráfico y poder". *Politeia* 6. Facultad de Derecho, Universidad Nacional. Bogotá, (August 1990): 63-76.

Cockburn, Leslie. *Out of Control: The Story of Reagan-Administration's Secret War in Nicaragua, the Illegal Arms Pipeline and the Contra Drug Connection.* New York: Atlantic Monthly Press, 1987.

Collett, Merrill. "El fantasma de la narco-guerilla". *El nuevo periodista* 210. Buenos Aires (6. 10. 1988)

Comisión Andina de Juristas. "Narcotráfico y justicia". *Sistema judicial y derechos humanos en Colombia.* Comisión Andina de Juristas/ECOE 1990: 119-172.

Connell-Smith, Gordon. *The Inter-American System.* London, New York, Toronto, 1966.

Daase, Christopher. "Drogenkrieg oder Droge Krieg? Der US-amerikanische Kampf gegen das Rauschgift". *Jahrbuch Frieden 1991: Ereignisse - Entwicklungen - Analysen.* Hg. Birckenbach, Hanne-Margret, Uli Jäger u.a. München: Beck 1991: 70-78.

Delgado, Alvaro. Interview mit der Verf. Bogotá: 11.3.1993

Del Olmo, Rosa. "Drogas: distorsiones y realidades". *Nueva Sociedad.* Caracas (1989): 82-93.

De Rementería, Ibán. "Economía y drogas". *Colombia Internacional 20.* Sección Relaciones Económicas Internacionales. Bogotá: CEI (Oktober-Dezember 1992): 9-16.

Dietz, Eva. *Der Funktionswandel der Koka in Bolivien.* Hg. Elwert, Georg und Volker Lühr u.a. Spektrum - Berliner Reihe zu Gesellschaft, Wirtschaft und Politik in Entwicklungsländern 26. Diplomarbeit Freie Universität Berlin. Saarbrücken: Breitenbach Publishers, 1990.

Die Zeit (18.9.1987)

dies. (6.5.1994): Goerdeler, Carl D. "Der Markt als Waffe".

Dornbierer, Manú. *La otra guerra de las drogas: Historia y testimonios de un negocio político.* 2. Aufl. Mexico: Grijalbo, 1991.

Eastman, Jorge Mario. *Amapola, coca y....* Mit Beiträgen von Gaviria Trujillo, César (Presidente de Colombia), Juan Gabriel Tokatlian, Rubén Sánchez David u.a. Bogotá: [Gente Nueva?], 1993.

Eich, Dieter, und Karl-Ludolf Hübener. *Die strategischen Rohstoffe: Ein politisches Handbuch.* Wuppertal: Hammer, 1988.

Eschenbacher, Petra. *Drogenproduktion und Drogenhandel: Beispiele aus Lateinamerika und Südostasien.* Hg. Ifo (Institut für Wirtschaftsforschung) Forschungsberichte der Abteilung Entwicklungsländer 72. Diss. München, Köln, London: Weltforum-Verlag, 1990.

Foreign Assistance Act of 1961 (S.1983) as amended. P.L.87-195.75 Stat. 424, Sections 481-485.

Frankfurter Rundschau (14. 10. 1983).

dies. (9.9.1989)

dies. (2.11.1991)

Frank, André Gunder, und Fuentes-Frank, Marta. *Widerstand im Weltsystem. Kapitalistische Akkumulation.-Staatliche Politik.-Soziale Bewegung.* Hofbauer, Andreas, und Komlosy, Andrea. (Hg.) Westdeutschland: WB-Druck, Rieden 1990.

Galeano, Eduardo Hughes. *Die offenen Adern Lateinamerikas: Die Geschichte eines Kontinents von der Entdeckung bis zur Gegenwart.* Übs. Halpern, Leonardo und Annelies Schwarzer de Ruiz. 7., erw. Neuauflage, (14. Aufl. insges.). Wuppertal: Peter Hammer Verlag 1991.

Gantenbein, James W., Hg. *The Evolution of our Latin-America Policy: A Documentary Record.* New York, 1950.

Gómez O., Leonidas. *Cártel: Historia de la droga.* 1. Aufl. USA, 1991, 3. Aufl. Bogotá: Investigación y concepto, 1991.

Gramckow, Heike. "Die Drogenpolitk der Bush-Administration und die Entwicklung des Drogenproblems in den USA". *Aus Politik und Zeitgeschichte* 42. (1990): 28-39.

Guerra, Sergio und Alberto Prieto. *Estados Unidos contra América Latina: Dos Siglos de agresiones.* La Habana, 1978.

Hafner, Georg M. und Kamil Taylan. *Zum Beispiel Cocain.* Buchreihe Süd-Nord 16. Göttingen: Lamuv Verlag, 1988.

Hardinghaus, Nicolás H. "Droga y crecimiento económico: El narcotráfico en las cuentas nacionales". *Nueva Sociedad.* Caracas (1989): 94-123.

Hartlyn, Jonathan. "Commentary on Bagley's 'The New Hundred Years War? U.S. National Security and the War on Drugs in Latin America' " *Journal of Interamerican Studies and World Affairs* 1. Vol. 30. (Spring 1988): 183-186.

Hayes, Margaret Daly. *Latin America and the U.S. National Interest: A Basis for U.S. Foreign Policy.* Study for the Office of the Assistant Secretary of Defense and International Security Affairs. Boulder, Colorado: Westview Press, 1984.

Held, Karl und Theo Ebel. *Krieg und Frieden: Politische Ökonomie des Weltfriedens.* Frankfurt am Main: Suhrkamp Verlag, 1983.

Hertogue, Alain, und Alain Labrousse. *Die Koksguerilla: Der Leuchtende Pfad in Peru.* Übs. Laabs, Klaus. Berlin: Rotbuch Verlag 1990.

Hoffmann, Karl-Dieter. "Koka, Kokain und Unterentwicklung". *Der Überblick.* (1/1990): 59-64.

Informe del Diálogo Interamericano 1988. "Drogas: Una Tragedia Compartida". *Colombia Internacional 3.* Sección Documentos. Bogotá: CEI (Juli-September 1988): 34-36.

Kappeler, Manfred. *Drogen und Kolonialismus: Zur Ideologiegeschichte des Drogenkonsums.* Kritische und selbstkritische Forschungsberichte zur dritten Welt 3. 2., verb. Aufl. Frankfurt am Main: Verl. für Interkulturelle Kommunikation, 1991.

Kempe, Frederick. *Noriega: Toda la verdad.* Übs. Pomares, José Manuel. Bogotá: Grijalbo, 1990

Kersting, Fritz-Georg. *Coca ist nicht Kokain: Wie aus einer alten Kulturpflanze eine weltweite Bedrohung wurde.* Materialien für die Schule 16. Simmerath: MISEREOR, 1991.

Krauthausen, Ciro, Hg. *Koka-Kokain: Reportagen, Analysen, Dokumente aus den Andenländern.* Mit Beiträgen von Molano, Alfredo, José Antonio Quiroga T., und Fernando Sarmiento (u.a.). München: Raben Verlag, 1991.

Kronenwetter, Michael. *Drugs in America: The Users, The Suppliers, the War on Drugs.* New Jersey: Englewood Cliffs, 1990.

Kwitny, Jonathan. *The Crimes of Patriots: A True Tale of Dope, Dirty Money and the CIA.* New York: W. W. Norton, 1987.

Lee III, Rensselaer. "Dimensions of the South American Cocaine Industry". *Journal of Interamerican Studies and World Affairs* 2 und 3. Vol. 30. (Summer/Fall 1988): 87-103.

López Michelson, Alfonso. "Is Colombia to Blame?" *Hemisphere* 1. Vol. 1. (Fall 1988): 35-36.

Mabry, Donald J. *The Latin American Narcotics Trade and U.S. National Security.* New York: Greenwood Press: 1989.

ders. "The US Military and the War on Drugs in Latin America". *Journal of Interamerican Studies and World Affairs* 2 und 3. Vol. 30. (Summer/Fall 1988): 53-76.

MacDonald, Scott. *Dancing on a Volcano: The Latin American Drug Trade.* New York: Praeger Publishers (A Division of Greenwood Press), 1988.

Mader, Rudolf, und Hans Strotzka, Hg. (u.a.). *Drogenpolitik zwischen Therapie und Strafe.* Mit Beiträgen von Pilgram, Arno und Eisenbach-Stangl Irmgard u.a. Wien: Jugend und Volk, 1980.

Martí, José. *Política de Nuestra América.* 4. Auflage. Mexico: siglo XXI editores, 1984

Marx, Karl. Das Kapital: Kritik der politischen Ökonomie. 1.Bd. 33. Aufl. Berlin: Dietz Verlag Berlin, 1989.

Mican de Francisco, Maria Magdalena. "Aspectos culturales sobre el uso de sustancias psicoactivas". [Masch.- schr.] Diss. Bogotá: Universidad Nacional de Colombia. Fac. de Ciencias Humanas. Dep. de Antropoligia, 1988.

Mondragon, Hector. Interview mit der Verf. Bogotá: 27.3.1993.

Musto, David F., M.D. *La enfermedad americana: Orígines del control antinarcóticos en EEUU.* Übs. González, Mildred Ciociano. 1. spanische Aufl. Bogotá: tercer mundo ediciones y ediciones uniandes, 1993.

Nadelmann, Ethan A. "El costo social y financiero de la prohibición". *Revista UN* 22. Bogotá: Universidad Nacional, 1989: 27-39.

ders. "Latinoamérica: economía política del comercio de cocaína". *Texto y Contexto.* Bogotá. (September-Dezember 1986): 27-51.

ders. "The DEA in Latinamerica: Dealing with Institutionalized Corruption". *Journal of Interamerican Studies and Word Affairs* 4. Vol.29. (1987-1988): 1-39.

ders. "U.S.Drug Policy: A Bad Export". *Foreign Policy* 70. (Spring 1988): 83-108.

Nickoleit, Gerd und Hermann J. Wirtz. "Fair Prices by Appealing to Morality? Alternative Marketing Offers a Chance to Third World". *Development and Change 6* (1992): 20-22.

Niess, Frank. *Der Koloß im Norden: Geschichte der Lateinamerikapolitik der USA.* 2., verb. Aufl. Köln: Pahl-Rugenstein, 1986.

Ortlepp, Gunar. "Der Raub der Neuen Welt: Über die Ausplünderung Lateinamerikas im technologischen Zeitalter (IV)". *Der Spiegel* 4. (1992): 114-125.

Palacio, Germán und Fernando Rojas, Hg. *La irrupción del paraestado: Ensayos sobre la Crisis Colombiana.* Mit Beiträgen von Del Olmo, Rosa; Alejandro Gálvez und Rodrigo Uprimny u.a. Bogotá: CEREC-ILSA, 1990.

Pan, Alvaro. "Andean Coca Producers Oppose Suppression of Crop". *Development and Change 6* (1992): 16-19.

Pardo, Rodrigo. "La Política Exterior del Presidente César Gaviria Trujillo". *Colombia Internacional 12.* Sección Política Exterior del Presidente César Gaviria Trujillo. Bogotá: CEI (Oktober-Dezember 1990): 3-9.

Park, Peter und Wasyl M. Matveychuk. *Culture and Politics of Drugs.* Dubuque, Iowa, 1986.

Peño Correal, Telmo Eduardo. "La coca y el narcotráfico, un problema inventado por Estados Unidos?" *Texto y Contexto.* Bogotá. (September-Dezember 1986): 161f

Pérez Gómez, Augusto. *Historia de la drogadicción.* Bogotá: Tercer Mundo Editores, 1988.

Perl, Raphael Francis. "Congress, International Narcotics Policy, and the Anti-Drug Abuse Act of 1988". *Journal of Interamerican Studies and World Affairs* 2 und 3. Vol. 30. (Summer/Fall 1988): 19-51.

Perl, Raphael F. Foreign Affairs and National Defense Division. *Report for Congress: Drug Control - International Policy and Options.* Washington: Congressional Research Service, 1988.

ders. *Report for Congress: Drug Control - International Policy and Options.* Washington: Congressional Research Service, 1990.

ders. *Report for Congress: National Drug Control Strategy, 1989: Background and Policy Questions.* Washington: Congressional Research Service, 1989.

ders. *Report for Congress: The Andean Drug Initiative - Background and Issues for Congress.* Washington: Congressional Research Service, 1992.

ders. *Report for Congress: United States International Drug Policy: Recent Developments and Issues.* Washington: Congressional Research Service, 1990.

Perl, Raphael F. und Harry Hogan u.a. *Report for Congress: Anti-Drug Abuse Act of 1988 (P.L. 100-690): Summary of Major Provisions.* Washington: Congressional Research Service, 1989.

Perry R., Guillermo. "La iniciativa Bush y la respuesta de América Latina". *Coyuntura Económica* 3. Vol. XX. (Oktober 1990): 107-112.

Pizarro, Leongómez, Eduardo. "Los orígines del movimiento comunista en Colombia (1949-1966)". *análisis POLITICO 7.* Bogotá: Universidad Nacional (Mai-August 1989): 7-31.

Presidencia de la República de Colombia. "Colombia y su Compromiso Contra el Tráfico de Drogas". *Colombia Internacional 3.* Sección Documentos. Bogotá: CEI (Juli-September 1988): 27-33.

dies. *La lucha contra el narcotráfico en Colombia.* Bogotá: Presidencia de la República, 1990.

Quiroga, José Antonio. "Paradojos de una responsabilidad compartida". *Nueva Sociedad.* Caracas (1989): 169-182.

Rama, Angel (Hg.). *Der lange Kampf Lateinamerikas. Texte und Dokumente von José Martí bis Salvador Allende.* Frankfurt am Main: Suhrkamp, 1982.

Reina, Mauricio. "Economía Política y Estrategia Antidrogas: Un Esfuerzo Fallido?" *Colombia Internacional 8.* Sección Relaciones Económicas Internacionales. Bogotá: CEI (Oktober-Dezember 1989): 12-16.

Restrepo M., Luis Alberto. "Estrategia norteamericana de seguridad y tráfico de drogas". *análisis POLITICO* 13 (Mai-August 1991). Bogotá, Universidad Nacional: 22-33.

Reuter, Peter, Gordon Crawford, Jonathan Crane. *Sealing the Borders: The Effects of Military Participation in Drug Interdiction.* Santa Monica: the Rand Cooperation, 1988.

Reyes, Lucila. Interview mit der Verf. Bogotá: 28.3.1993.

Romero de Campero, Ana María. "Eine kokainsüchtige Wirtschaft". *ED-Entwicklung / Développement 38* (1992).

Salazar, Alonso. *Totgeboren in Medellín.* Aus dem kolombian. Span. von Hörtner, Werner. Wuppertal: Hammer, 1991.

Salzburger Nachrichten (24.4.1991): Von Mouillard, Thomas. "Lateinamerika hat das Tal der Tränen noch nicht hinter sich".

Santa Fe-Komitee. "Una Estrategia para América Latina en los 90: Informe Santa Fe II". *Colombia Internacional 6.* Sección Documentos. Bogotá: CEI (April-Juni 1989): 32-39.

Sarmiento, Carlos Miguel. "El sicariato en Medellín: entre la violencia política y el crimen organizado". *análisis POLITICO* 14 (September-Dezember 1991). Bogotá, Universidad Nacional: 60-73.

Schulte, Andreas. "Coca in Bolivia: A Crop For Survival". *Development and Change* 6. (1992): 13-15.

Shannon, Elaine. *Desperados. Latin Drug Lords, U.S. Lawmen and the War America Can't Win.* New York: Viking Penguin, 1989.

Sharpe, Kenneth E. "The Drug War: Going After Supply. A Commentary." *Journal of Interamerican Studies and World Affairs* 2 und 3. Vol. 30. (Summer/Fall 1988): 77-86.

Smith, Michael L.u.a. *Why people grow drugs: Narcotics and Development in the Third World.* Mit Beiträgen von Molano Bravo, Alfredo und Dávila, Amanda u.a.: Panos Publications, 1992.

Spranger, Carl Dieter. "Drug Control as a Challenge to Development Policy". *Development and Change* 6. (1992): 8-12.

The New York Times (8.5.1988): Thurow, Lester C. " U.S.Drug Policy: Colossal Ignorance".

Tokatlian, Juan Gabriel. "Glifosato y política: razones internas o presiones externas?" *Colombia Internacional 18.* Bogotá: CEI (April-Juni 1992): 3-6.

ders. "Las drogas y las relaciones EEUU - América Latina". *Nueva Sociedad.* Caracas (1989): 74-80.

ders. "National Security and Drugs: Their Impact on Colombian - U.S.Relations". *Journal of Interamerican Studies and World Affairs.* 1 Vol.30. (Spring 1988): 133-160.

Trager, Oliver, Hg. *Drugs in America: Crisis or Hysteria? An Editorials on File Book.* New York, Oxford: Facts On File Publications, 1987.

United States General Accounting Office. National Security and International Affairs Division. *Report to Congressional Requesters. DRUG CONTROL: Issues Surrounding Increased Use of the Military in Drug Interdiction.* GAO/NSIAD-88-156. Washington, April 1988.

dasselb. *Report to Congressional Requesters. DRUG CONTROL: U.S. Programs in Peru Face Serious Obstacles.* GAO/NSIAD-92-36. Washington, Oktober 1991.

dasselb. *Report to Congressional Requesters. DRUG POLICY AND AGRICULTURE: U.S. Trade Impacts of Alternative Crops to Andean Coca.* GAO/NSIAD-92-12. Washington, Oktober 1991.

dasselb. *Report to Congressional Requesters. DRUG WAR: Observations on Counternarcotics Aid to Colombia.* GAO/NSIAD-91-296. Washington, September 1991.

dasselb. *Report to Congressional Requesters. FOREIGN ASSISTANCE: Promising Approach to Judicial Reform in Colombia.* GAO/NSIAD-92-269. Washington, September 1992.

United States Department of Justice, Office of the Attorney General. *Drug Trafficking: A Report to the President of the United States.* Washington, 3. August 1989.

Urrutia, Miguel. "Análisis costo-beneficio del tráfico de drogas para la economía colombiana". *Conyuntura Económica* 3. Vol. 10. Bogotá (Oktober 1990).

Van Wert, James W. "The U.S. State Department's Narcotics Control Policy in the Americas". *Journal of Interamerican Studies and World Affairs* 2 und 3. Vol. 30. (Summer/Fall 1988): 1-18.

Vargas, Ricardo. Interview mit der Verf. Bogotá: 11.3.1993.

Vidart, Daniel. Coca, cocales y coqueros en America Andina. Bogotá: Editorial Nueva América, 1991.

Vogler, Gernot. "Kokainhandel in Lateinamerika". *Aus Politik und Zeitgeschichte* 42. (1990): 3-11.

Washington Office on Latin America. *Clear and Present Dangers: The U.S. Military and the War on Drugs in the Andes.* Washington: WOLA, 1991.

dasselb. *The War in the Andes: The Military Role in U.S. International Drug Policy.* WOLA Briefing Series: Issues in International Drug Policy. Washington, 1990.

dasselb. "Una Política Equivocada: La "guerra" de los Estados Unidos contra la Producción de Narcóticos en los Andes". *Colombia Internacional 5.* Bogotá: CEI. (Jänner-März 1989): 36-38.

Whynes, David. "Illicit Drug Production and Supply-Side Drug Policy in Asia and South America". *Development and Change.* Vol. 22. (London: 1991): 475-496.

Wichmann, Stefan. *Wirtschaftsmacht Rauschgift.* Frankfurt am Main: Fischer, 1992.

Wisotsky, Steven. *Breaking the Impasse in the War on Drugs.* Westport: Greenwood Press, 1986.

FSC
www.fsc.org
MIX
Papier | Fördert gute Waldnutzung
FSC® C083411

Kolibri 360 GmbH
Ferdinand-Jühlke-Straße 7
99095 Erfurt, Deutschland
produktsicherheit@kolibri360.de

Druck:
CPI Druckdienstleistungen GmbH
im Auftrag der
Kolibri 360 GmbH
Ferdinand-Jühlke-Str. 7
99095 Erfurt